# GUIA POLITICAMENTE INCORRETO DA ECONOMIA BRASILEIRA

# LEANDRO NARLOCH

# GUIA POLITICAMENTE INCORRETO DA ECONOMIA BRASILEIRA

GLOBOLIVROS

Copyright da presente edição © 2019 by Editora Globo S.A.
Copyright © 2015 by Leandro Narloch
Todos os direitos reservados.

Texto fixado conforme as regras do Acordo Ortográfico da Língua Portuguesa (Decreto Legislativo n. 54, de 1995).

Nenhuma parte desta edição pode ser utilizada ou reproduzida — em qualquer meio ou forma, seja mecânico ou eletrônico, fotocópia, gravação etc. — nem apropriada ou estocada em sistema de banco de dados sem a expressa autorização da editora.

**Revisão:** Adriane Piscitelli, Patricia Calheiros e Adriana Moreira Pedro
**Índice remissivo:** Probo Poletti
**Capa, projeto gráfico e diagramação:** Cris Viana – Estúdio Chaleira

CIP-BRASIL. CATALOGAÇÃO NA PUBLICAÇÃO
SINDICATO NACIONAL DOS EDITORES DE LIVROS, RJ

Narloch, Leandro, 1978-
Guia politicamente incorreto da economia brasileira/ Leandro Narloch. – 2ª ed. – São Paulo : Globo Livros, 2019.

Inclui bibliografia e índice
ISBN 978-85-250-6727-2

1. Brasil – Política econômica – Miscelânea. 2. Desenvolvimento econômico. I. Título. II. Série.

19-57357
CDD: 338.981
CDU: 338(81)

Vanessa Mafra Xavier Salgado – Bibliotecária – CRB-7/6644

2ª edição, 2019

# GLOBOLIVROS

Direitos de edição em língua portuguesa para o Brasil adquiridos por Editora Globo S.A.
Rua Marquês de Pombal, 25
20230-240 – Rio de Janeiro – RJ – Brasil
www.globolivros.com.br

PARA A LALI,
QUE ME ENSINOU
A GOSTAR DE DINHEIRO.

# LUCRUM GAUDIUM

## "LUCRO É ALEGRIA"

INSCRIÇÃO DE PÓRTICO ROMANO, SÉCULO 1

# SUMÁRIO

| | |
|---|---|
| PREFÁCIO À SEGUNDA EDIÇÃO | 11 |
| INTRODUÇÃO | 13 |
| LUCRO É ALEGRIA | 15 |
| O PODER DAS PALAVRAS | 27 |
| CEM MILHÕES DE POBRES A MENOS | 37 |
| AS QUATRO CAUSAS DA DESIGUALDADE BRASILEIRA | 47 |
| BOLSA FAMÍLIA AO CONTRÁRIO | 69 |
| O PT CONTRA O BOLSA FAMÍLIA | 81 |
| EM DEFESA DOS INIMIGOS IMAGINÁRIOS | 93 |
| O MITO DO TRABALHO ESCRAVO | 113 |
| AS LEIS TRABALHISTAS PREJUDICAM OS TRABALHADORES | 133 |
| A IRRELEVÂNCIA DOS SINDICATOS | 157 |
| POR QUE AS MULHERES GANHAM MENOS QUE OS HOMENS | 163 |
| MUITO ALÉM DA PETROBRAS | 173 |
| AS TOLICES QUE ELES DISSERAM | 187 |
| AUTOSSUFICIÊNCIA É COISA DE POBRE | 199 |
| A INDÚSTRIA MIMADA | 213 |
| UMA HISTÓRIA MUITAS VEZES VISTA NESTE PAÍS | 225 |
| AGRADECIMENTOS | 239 |
| NOTAS, BIBLIOGRAFIA E ÍNDICE | 241 |

# PREFÁCIO À SEGUNDA EDIÇÃO

O Brasil mudou numa velocidade muito mais alta do que imaginei. Em 2014 e 2015, quando escrevi a primeira versão deste livro, o PT ia mal, o Brasil também, mas só os mais ensimesmados achavam possível milhões de brasileiros saírem às ruas pedindo o impeachment de Dilma Rousseff. Ainda menos provável pareciam a reforma trabalhista, as mudanças dos juros dos empréstimos do BNDES ou das poupanças do FGTS. Analistas sensatos diziam ser difícil demais acabar com o imposto sindical.

E, no entanto, tudo isso aconteceu em poucos meses. Até mesmo o Museu Nacional, exemplo que utilizei para mostrar a necessidade de urgente privatização dos museus, foi destruído pelo fogo num domingo de setembro de 2018.

Talvez este livro tenha ele próprio contribuído para as reformas que o Brasil viveu. Por exemplo, o quadro comparativo com a quantidade enorme de sindicatos do Brasil comparada a outros países (página 162) circulou em redes sociais e foi compartilhado por deputados, senadores, especialistas, eleitores. Ajudou a difundir a ideia de que a contribuição obrigatória aos sindicatos criava amontoados de entidades irrelevantes. O fato é que, de repente, ideias liberais que pareciam exóticas e politicamente incorretas ganharam aceitação popular e foram parar na boca de políticos, sempre atentos às tendências de seus eleitores.

As mudanças melhoraram o Brasil, mas prejudicaram a atualidade deste livro. Algumas discussões viraram, felizmente, coisa do passado. Eis o motivo desta edição atualizada. Removi um ou outro tema e atualizei mais alguns, mas a maior parte ficou como estava. Ainda há muitas regras irracionais e barreiras a se derrubar na economia brasileira: torço para que, em poucos anos, outras atualizações sejam necessárias.

Boa leitura.

**LEANDRO NARLOCH**

# INTRODUÇÃO

Imagine que, após uma noite maldormida e repleta de pesadelos, você acorda mau. Mau com "u" mesmo: uma pessoa ruim, um canalha ou, como se dizia nas novelas, um cara frio, mesquinho e sem escrúpulos. Diante do espelho do banheiro, você promete a si próprio:
– A partir de hoje, lutarei para prejudicar os trabalhadores. Espalharei a miséria e a corrupção. Aproximarei o Brasil do Apocalipse! (Segue-se uma gargalhada demoníaca enquanto uma trovoada ressoa lá fora.)

A mensagem central deste livro é que se o leitor tomasse essa estranha decisão apoiaria diversas leis e medidas econômicas que o governo já pratica, e que têm como apoiadores justamente políticos bem-intencionados e ativistas politicamente corretos. O bom-moço é o maior vilão da economia brasileira.

Exemplos do estrago causado pelos heróis do mundo melhor estão por todo o livro. As leis trabalhistas sabotam os trabalhadores; as medidas de proteção à indústria nascente transformaram a indústria nacional num adulto mimado; as regras de proteção a sindicatos tornaram os sindicatos irrelevantes, as leis de proteção a espécies em extinção deixam os animais ainda mais vulneráveis. Como mostra o capítulo "Autossuficiência é coisa de pobre", a receita testada e comprovada para enriquecer os cidadãos é apostar na especialização e no livre comércio entre os povos. Mas quem dificulta o livre comércio são, em geral, pessoas que acreditam estar do lado dos pobres. Vai entender.

No *Guia politicamente incorreto da história do Brasil*, meu alvo foram os heróis do bom-mocismo e as histórias contadas como episódios de opressão. Tratei de mostrar "só os erros das vítimas e dos heróis da bondade, só as virtudes dos considerados vilões". Aqui, o alvo são ideias e vacas sagradas. O salário-mínimo, as leis trabalhistas, a ideia de que o Estado precisa intervir nas relações voluntárias dos cidadãos: nada disso ajuda de verdade os brasileiros. O que torna a nossa vida melhor é o lucro e a vontade de botar bilhões no bolso oferecendo coisas que interessem ou ajudem as pessoas.

É hora de jogar tomates na economia politicamente correta.

# LUCRO É ALEGRIA

**Ao escrever o primeiro livro de história do Brasil**, em 1627, frei Vicente do Salvador se mostrou incomodado com o que considerava um tremendo desperdício. Enquanto as casas e os engenhos passavam a noite às escuras porque não havia óleo ou graxa para alimentar tochas e luminárias, "uma grande multidão de baleias", fonte riquíssima de óleo de iluminação, nadava perto das praias da Bahia durante o inverno. "Era uma pena como a de Tântalo padecer esta falta, vendo nadar as baleias, que são a mesma graxa, por toda esta Bahia, sem haver quem as pescasse", escreveu.[1]

"Por graça de Deus", conta frei Vicente, um pescador basco veio ao Brasil e ensinou o ofício aos pescadores locais. Em poucos anos, uma pequena indústria de produtos derivados da baleia se formou na Bahia. Nos meses de junho e julho, os aventureiros encomendavam uma missa, pediam ao padre que benzesse os barcos e saíam atrás dos mamíferos. Se conseguissem arpoar algum, caíam no mar para amarrá-lo e depois o levavam até a ilha de Itaparica. Ali, retiravam a camada grossa de gordura dos animais e a derretiam para transformá-la em óleo. Caçavam entre trinta e quarenta baleias por temporada.

O trabalho era hercúleo, mas compensava. O óleo de baleia era uma das poucas fontes de um luxo da época, a luz artificial. Para obter velas, famílias pobres tinham de dedicar alguns dias de trabalho para abater um animal, retirar-lhe a gordura, cozinhá-la e moldá-la num cilindro, para então adicionar um pavio. O óleo de baleia evitava esse trabalho. A partir do século 18, os mais ricos podiam comprar velas de espermacete, um líquido branco e viscoso como o esperma humano (daí o nome), encontrado na

---

[1] Tântalo é o personagem da mitologia grega que foi condenado a viver num lugar cheio de comida e fontes de água sem poder nunca se saciar. Quando se aproximava, o vento levava a água e os frutos das árvores para longe.

cabeça da baleia cachalote. Velas de espermacete produziam uma chama limpa, duradoura e inodora, ao contrário das velas de gordura animal, que exalavam uma fumaça preta e malcheirosa.[2] George Washington, o primeiro presidente dos Estados Unidos, gastava 15 mil dólares por ano (em valores de 2015) com velas de espermacete de baleia.[3]

Nos dois séculos após o relato de frei Vicente, a caça às baleias se espalhou pelo Brasil. O local onde se desossavam os animais era chamado de armação — por isso há na costa brasileira tantas "praias da armação", como em Salvador, Búzios, Florianópolis e Penha, praia catarinense ao lado do Beto Carrero World. No século 19, cerca de 4 mil cachalotes eram capturados por ano em todo o mundo. As baleias provavelmente teriam sido extintas se alguns capitalistas americanos não tivessem descoberto uma substância nova para produzir luz artificial: o petróleo.

O querosene, primeiro combustível destilado do petróleo a ser fabricado em massa, custava menos e produzia uma luz melhor que a do óleo animal, que estava para os baleeiros como o Uber está para os taxistas no século 21. Quando ele surgiu no mercado, a caça às baleias começou a morrer lentamente. "Uma das mais extraordinárias criaturas do oceano foi poupada porque os seres humanos descobriram depósitos de plantas fósseis abaixo da superfície da terra", diz o escritor Steven Johnson.[4]

O império do querosene duraria pouco, porque no final do século 19, outro capitalista americano, Thomas Edison, apresentaria uma inovação ainda mais revolucionária. A lâmpada elétrica garantiria uma vida melhor não só às baleias, mas aos pobres que não tinham tempo ou dinheiro para custear iluminação artificial permanente. Até então, quem quisesse ler ou escrever à noite teria de destinar uma boa parte da renda para velas ou luminárias.

A partir da invenção do querosene e da lâmpada elétrica, a luz artificial entraria numa espiral sem fim de barateamento e popularização. Em 1800, uma pessoa com salário médio teria de trabalhar uma hora para adquirir reles dez minutos de luz para leitura. Hoje, com a mesma hora de trabalho, ela adquire trezentos dias inteiros de luz artificial.[5] Dos brasileiros mais pobres, 98% têm em casa lâmpadas que deixariam boquiabertos frei Vicente do Salvador, o americano George Washington ou qualquer magnata que viveu no século 19.

A luz artificial é um entre tantos exemplos deliciosos de luxos que se popularizaram no século 20. Quase tudo que temos ao nosso redor já foi motivo de ostentação um dia. Cariocas do século 19 interessados em conhecer o gelo teriam de esperar chegar ao porto do Rio de Janeiro navios do norte-americano Frederic Tudor, que fez fortuna exportando gelo dos lagos congelados do norte dos Estados Unidos para cidades tropicais do Caribe e da América do Sul. Quando os frigoríficos surgiram, eram tão caros que só era possível encontrá-los em fábricas e restaurantes. As primeiras geladeiras eram um luxo que só magnatas ou sortudos conseguiam ter em casa. Em 1937, o jornal *Folha da Manhã*, hoje *Folha de S.Paulo*, sorteou aos leitores uma geladeira Frigidaire que custava 15 milhões de réis, ou 62 salários-mínimos da época.[6] Hoje, da quinta parte mais pobre da população brasileira, 92% têm geladeira.[7]

Mesmo os alimentos que temos em casa hoje em dia seriam nababescos há pouco mais de cem anos. Um salário habitual comprava menos, mas muito menos comida que hoje, como mostra a tabela na página 20.

Nunca me esqueço de uma cena da novela *Pedra sobre pedra*, de 1992. A ricaça Rosemary Pontes chega de helicóptero a Resplendor, uma daquelas cidades nordestinas que só existem na TV. Ao desembarcar, Rosemary consulta o telefone celular (um aparelho pesado, grande, horroroso) e reclama da falta de sinal. É claro que não havia sinal de celular por ali, pois ninguém além dela tinha um aparelho como aquele na cidade. Telefone celular, na minha infância, era coisa de gente esnobe.

| O QUE UM COZINHEIRO PODERIA COMPRAR COM O SALÁRIO EM 1888 E EM 2015 ||
|---|---|
| **1888 (60 MIL-RÉIS)** | **2015 (R$ 926,10)** |
| 50 kg de arroz (24,7 mil-réis) | 50 kg de arroz (R$ 184,50) |
| 50 kg de feijão (30 mil-réis) | 50 kg de feijão (R$ 139,50) |
| 10 dúzias de ovos (5 mil-réis) | 20 dúzias de ovos (R$ 105,80) |
| 937 gramas de carne bovina (300 réis) | 10 kg de contrafilé (R$ 290) |
| | 10 potes deliciosos de Nutella (R$ 73,90) |
| | 10 latas de cerveja Skol 269 ml (R$ 18,80) |
| | 5 frangos congelados inteiros (R$ 69,90) |
| | 3 kg de açúcar (R$ 7,95) |
| | 3 kg de sal (R$ 6) |
| | 1 litro de azeite extravirgem (R$ 20,50) |
| | 1 Kinder Ovo para meninos (R$ 3,79) |
| | 1 Kinder Ovo para meninas (R$ 3,79) |
| | 1 pacote de Mentos (R$ 1,89) |

Fontes: "Relatório apresentado ao Exmo. Sr. Presidente da Província de São Paulo pela Comissão Central de Estatística", 1888; Pesquisa Mensal de Emprego, abril de 2015, Rendimento Nominal Operários da Construção; IBGE; Extra delivery.

A Motorola criou o telefone celular em 1973 – o aparelho pesava mais de um quilo e mal cabia numa caixa de sapatos. Os primeiros celulares à venda, fabricados em 1983, saíam por 4 mil dólares (ou 9 mil dólares em valores de 2015); o Motorola Star-Tac, aquele dobrável e com antena, marca dos anos 1990, custaria hoje 6.800 reais.[8] Em 2015 havia 282 milhões de celulares no Brasil (mais que o número de habitantes), dos quais 150 milhões são smartphones – que, convenhamos, são um pouquinho melhores que o tijolão da ricaça Rosemary Pontes.

Como tudo isso aconteceu? Por que luxos restritos a presidentes norte-americanos, donos de engenhos e grã-finas estão hoje até mesmo em casa de gente pobre? Nenhuma autoridade obrigou que se inventassem lâmpadas, nenhuma lei determinou que as geladeiras custassem menos. Também não foi preciso coagir, com alguma ameaça de castigo, as pessoas a fabricar lâmpadas e telefones mais baratos. Por que tanta gente dedica a vida a resolver problemas de desconhecidos e realizar desejos de pessoas que talvez sejam ingratas ou antipáticas?

No século 18, um professor de lógica e filosofia moral da Universidade de Glasgow dedicou sua vida a tentar achar uma resposta. Ele sabia que o homem tinha uma propensão natural a sentimentos morais e ao amor pelo próximo, mas achava que uma força maior levava as pessoas a se preocuparem com problemas alheios. O nome desse filósofo escocês era Adam Smith e as conclusões a que ele chegou acabaram criando a economia moderna.

A resposta de Adam Smith cabe numa pequena palavra: lucro. Mais que por benevolência ou amor ao próximo, as pessoas cooperam entre si porque podem obter recompensas e vantagens com isso. Smith escrevia calhamaços com mais de mil páginas, não exatamente gostosos de ler. Mas alguns trechos, como este do livro *A riqueza das nações*, se eternizaram:

> O homem tem quase constantemente necessidade de ajuda de seus semelhantes, e é inútil esperar essa ajuda somente da benevolência alheia. Ele terá maior probabilidade de obter o que quer se conseguir despertar a seu favor a estima dos outros, mostrando-lhes que é vantajoso para eles fazer-lhe ou dar-lhe aquilo de que precisa. [...] Não é da benevolência do açougueiro, do cervejeiro e do padeiro que esperamos o nosso jantar, mas da consideração que ele tem por seus próprios interesses. Nós nos dirigimos não à sua humanidade, mas ao seu amor-próprio e nunca falamos da nossa necessidade, mas das vantagens deles.

O filósofo escocês descobriu não só um jeito de garantir a carne e a cerveja depois do trabalho, mas também o modo pelo qual prosperidade emerge numa nação. Naquela época, as pessoas acreditavam que interesses próprios (egoístas) apontavam em uma direção e interesses altruístas na direção oposta. Adam Smith mostrou que o lucro operava uma mágica. Buscando realizar os próprios interesses, as pessoas eram "levadas por uma mão invisível" a servir o interesse público. Com essa sacada, ele virou do avesso uma ideia que, por séculos, foi uma verdade incontestável. O lucro, por muito tempo visto como pecado, ato de imoralidade, tentação que fomentava conflito, se transformou num fator a unir os indivíduos e a levar harmonia e prosperidade a um país. Egoístas se comportavam, por causa do lucro, como altruístas.

Enquanto escrevo este livro, uma impressionante força-tarefa de distribuição de alimentos acontece no Brasil. Ela envolve milhares de caminhões e vagões de trem, que vão distribuir produtos de subsistência por pontos de coleta em todos os estados brasileiros. Alguns participantes dessa megaoperação vão percorrer mais de 2 mil quilômetros para levar alimentos a comunidades isoladas. Participam da operação mais de 1 milhão de pessoas, que só no dia de hoje vão distribuir 120 mil toneladas de alimentos.[9]

Uma objeção comum contra o lucro é o fato de "poucos ganharem tanto e tantos ganharem tão pouco". Por que deveríamos aceitar que algumas pessoas ralem o mês inteiro em troca de um salário modesto, enquanto outros lucram bilhões sem sair do sofá? É uma observação natural. A mente humana, moldada nas centenas de milhares de anos do Paleolítico, relaciona esforço a recompensa. Na Idade da Pedra, quem passava mais tempo coletando frutos na floresta voltava com o cesto mais pesado. As comunidades que se esforçavam mais para fabricar flechas ganhavam a guerra contra tribos inimigas menos dedicadas.

# ESFORÇO É UMA COISA, VALOR É OUTRA

Hoje não é assim. O valor do trabalho não tem a ver com o esforço que uma pessoa empreendeu, mas com produtividade e com a lei da oferta e da procura. Imagine, por exemplo, que eu desista de ser escritor e (como sugerem alguns leitores não exatamente apaixonados por meus livros) vá plantar batatas. A única coisa que sei sobre plantar batatas é que é preciso esperá-las brotar, enterrá-las e regá-las de vez em quando. Se encontrar uma área para plantio, talvez, em três meses, com um pouco de sorte, eu consiga colher cinquenta quilos de batata.

Depois desses meses de trabalho duro, eu poderia achar justo ganhar cerca de um salário-mínimo por mês, ou 998 reais. Pelos três meses, eu teria de receber 2.994 reais em troca dos meus cinquenta quilos de batata, o que equivale a 59,88 reais por quilo. Dificilmente eu encontraria alguém disposto a pagar tudo isso. Afinal, a oferta de batatas no mercado é alta e, por oferta e procura, o preço está em um décimo do que eu gostaria de receber. Quem acredita que as pessoas devem ser remuneradas pelo esforço, e não pelas leis do mercado, terá de me pagar 59,88 reais pelo quilo de batata. Quem topa?

Essa força-tarefa de distribuição de comida é uma das maiores já vistas no mundo, mas não haverá nenhuma notícia sobre ela nos jornais de amanhã. O que até dá para entender, afinal não é nenhuma novidade. Ela acontece todos os dias e há um bom tempo. É simplesmente o abastecimento cotidiano de carne, laticínios e hortifrutigranjeiros a mercados, padarias, açougues e restaurantes do país. Nenhuma obra de caridade na história do mundo combateu a fome com tanta eficácia quanto a vontade de lucrar.

Mas ainda hoje a ideia de Adam Smith incomoda. Muita gente ainda pensa como inquisidores medievais a enxergar o lucro como uma perversão. Pois não há nada de errado em querer lucrar o máximo possível com um negócio. O fato de um indivíduo ter ganhado um bom dinheiro com um negócio honesto é a prova de que ele resolveu problemas, atendeu a necessidades, realizou desejos, enfim, melhorou a vida de muita gente ao mesmo tempo. O lucro é belo; o lucro, como diziam os pórticos de Pompeia no século 1, é alegria.

Ganhos bilionários têm outra vantagem: atraem competidores. Ao descobrir que alguém está lucrando um pequeno bilhão com um negócio, concorrentes se aventuram a copiá-lo. O primeiro importador de geladeiras podia cobrar cinco anos de salário-mínimo pelo produto, pois era o único fornecedor no Brasil. Mas então um vendedor de Joinville conheceu dois engenheiros de Brusque, que produziam peças de bicicletas e de vez em quando consertavam geladeiras importadas, e os convenceu a montar uma fábrica de geladeiras movidas a querosene, a Consul. Depois, um engenheiro boliviano radicado em São Paulo criou a Brastemp, abaixando o preço ainda mais. Uma geladeira custa hoje o equivalente a dois salários-mínimos. É como se a livre concorrência fosse uma conspiração para reduzir a quase zero o lucro dos produtores.

Os livros didáticos de história costumam fatiar o passado em governos, revoluções e regimes políticos. Pouco falam dos grandes negócios e das inovações motivadas pelo lucro que, para o bem e para o mal, mudaram o Brasil muito mais que um bocado de presidentes.

A popularização da televisão, a partir dos anos 1970, mostrou aos brasileiros que as famílias ricas tinham poucos filhos. Isso ajudou a abaixar a fecundidade das mulheres mais pobres, o que reverteu, nos anos 2000, em salários maiores para pessoas pouco qualificadas (veja mais sobre isso no capítulo "Cem milhões de pobres a menos"). As geladeiras e os navios refrigerados transformaram países distantes, como o Brasil, em grandes fornecedores de carne fresca para a Europa e os Estados Unidos. A luz elétrica abundante e barata criou uma deliciosa cultura de viver e aproveitar a noite. E permitiu que nos déssemos ao luxo de nos preocuparmos com a preservação das baleias, coisa que frei Vicente do Salvador, há quase quatrocentos anos, jamais entenderia.

# O PODER DAS PALAVRAS

**Alguns anos atrás, um repórter esportivo foi escalado para entrevistar o ministro da Fazenda.** A jornalista econômica da rádio estava doente e faltara ao trabalho, por isso coube a ele esperar o ministro chegar ao aeroporto e fazer uma ou outra pergunta. Como não entendia patavina do assunto, pediu ao chefe sugestões de perguntas e as anotou num papel. Quando o ministro apareceu, o repórter sacou o papel do bolso e disparou:

— Ministro, o que o senhor acha da desindexação da economia?

O repórter só não contava que o ministro responderia assim:
— O que você quer dizer com isso?

Era a única pergunta para a qual o repórter não estava preparado, mas ele conseguiu disfarçar a ignorância com uma sacada genial:

— Ministro, o senhor sabe muito bem o que eu quero dizer com isso.

O ministro se surpreendeu com a firmeza da afirmação e, para alívio do repórter, esboçou uma resposta – que nem o repórter nem boa parte dos ouvintes da rádio devem ter entendido. A economia brasileira – bem como suas controvérsias e dificuldades – tem vocabulário próprio, que muda de acordo com o cenário de cada época. As pessoas emitem opiniões mais convictas e radicais sobre termos que não entendem muito bem, ou sem conhecer todas as implicações da palavra em questão.

Mas os políticos acreditam que os eleitores têm opiniões fortes e inflexíveis sobre economia. Alguns temas, para eles, são proibidos – e quem desafiar a opinião popular será castigado nas urnas. Por isso é comum, não só no Brasil, os políticos acreditarem em A, mas jurarem no palanque que preferem B.

Durante a eleição presidencial de 2006, o candidato tucano, Geraldo Alckmin, passou todo o segundo turno se debatendo contra a acusação dos petistas de que privatizaria a Petrobras e outras estatais. Numa tentativa desesperada de convencer o povo do contrário, Alckmin se deixou fotografar com um boné do Banco do Brasil e um macacão repleto de logomarcas de estatais. Não deu certo. O público sabia que o PSDB havia privatizado um bocado de estatais. Além disso, a reação dos tucanos só deu força à acusação de Lula. Alckmin conseguiu a proeza de terminar o segundo turno da eleição com votação menor que no primeiro (2,4 milhões de votos a menos).

O tucano talvez não perdesse tantos eleitores se, em vez de jurar que não privatizaria coisa alguma, tivesse adotado a estratégia de mudar as palavras. Uma das descobertas mais divertidas da economia comportamental é que a opinião sobre um produto ou uma atitude muda de acordo com os termos que se usa – e principalmente com as imagens que a frase evoca. Uma simples palavra, um pequeno amontoado de letras pode transformar uma transgressão em ato de bondade, absolver um acusado ou causar repulsa imediata. A mesma coisa, dita de outra forma, ganha brilho e desperta emoções diferentes.

Pouca gente duvida do poder das palavras, mas qual seria a sua força? Quantos eleitores podem mudar de ideia diante de uma frase elaborada para conquistar a sua benevolência? Para medir a fragilidade da opinião dos brasileiros, eu resolvi realizar uma experiência. Os institutos de pesquisa costumam evitar perguntas tendenciosas, que direcionem o leitor a uma ou outra resposta. Fiz o contrário: usei todos os artifícios à mão para criar perguntas enviesadas e direcionadas. Montei questionários com as mesmas questões – só que escritas de forma diferente. Contei com a inestimável ajuda de integrantes da organização Estudantes pela Liberdade, que distribuíram 760 questionários em faculdades do Rio Grande do Sul, do Paraná, de São Paulo, do Rio de Janeiro e de Minas Gerais.

Descobri que a opinião dos brasileiros varia com a pergunta. Há expressões malditas, que provocam uma repulsa imediata no público, mas a principal delas não é "privatização" – é "impostos mais altos". Diante desse espantalho, até mesmo as convicções mais profundas dos brasileiros se despedaçam. É o caso desta pergunta:

– É PAPEL DO GOVERNO AJUDAR OS POBRES?

Em nenhuma resposta os entrevistados concordaram tanto. Oitenta e três por cento deles marcaram que sim, é papel do governo ajudar os pobres. Dois entrevistados não se contentaram em marcar "sim", como também escreveram ao lado "É óbvio!" ou "Que pergunta!". Ora, em todo o mundo, a forma mais comum pela qual o governo ajuda os pobres é cobrando impostos da população e usando o dinheiro arrecadado para bancar programas de assistência social, como o Bolsa Família, o Bolsa Aluguel ou restaurantes subsidiados. No entanto, se esses detalhes aparecem na pergunta, a aceitação dos entrevistados despenca. Nos mesmos questionários em que havia a pergunta acima, incluí, cinco questões abaixo dela, como esta aqui:

– O GOVERNO DEVE OBRIGAR AS PESSOAS A PAGAR IMPOSTOS QUE FINANCIEM PROGRAMAS DE ASSISTÊNCIA SOCIAL?

As mesmas pessoas que disseram "sim" à ajuda aos pobres viraram a cara à assistência social – 61% optaram pelo "não".

Confesso que esperava um efeito ainda maior, pois a segunda pergunta está cheia de artifícios. Em vez de "pobres", aparece "programas de assistência social", um conceito abstrato, que não evoca a imagem de pessoas sofrendo e precisando de ajuda. Além disso, a segunda questão deixa evidente a violência envolvida na ação ("obrigar as pessoas a pagar impostos").

Os especialistas em pesquisas de opinião sabem que o jeito mais fácil de conseguir um "não" à pergunta é deixar evidente que pessoas podem sofrer ou se prejudicar com aquela decisão. Por exemplo, uma pesquisa de 2003 do Pew Research Center perguntou aos americanos: "Você é a favor ou contra uma intervenção militar no Iraque?". Sessenta e oito por cento dos entrevistados disseram que sim e 25% se opuseram. Quando a pergunta deixou um dano evidente: "Você é a favor ou contra uma intervenção militar no Iraque, mesmo que isso resulte na morte de milhares de soldados americanos", o jogo virou: 48% disseram que não queriam nada dessa história de guerra, 42% continuaram a favor.[1]

Na minha pesquisa, a surpresa foi que, apesar de ter utilizado esse par de artifícios, a questão sobre cobrar impostos para financiar programas de assistência social não teve tantas respostas negativas quanto esta:

– É PAPEL DO GOVERNO AJUDAR OS POBRES, MESMO QUE PARA ISSO SEJA NECESSÁRIO AUMENTAR IMPOSTOS?

Repare que nesta questão aparece a expressão "ajudar os pobres", indução a uma resposta positiva. Apesar disso, só 35% das pessoas disseram que sim. Os brasileiros podem ter uma forte convicção de que é preciso ajudar os pobres, mas se para isso for preciso aumentar impostos, a certeza desaparece.

Você é a favor da privatização da Petrobras?
Sim: 38% Não: 62%

O Brasil deve retirar o controle da Petrobras das mãos dos políticos e cedê-lo a gestores privados?
Sim: 52% Não: 48%

É papel do governo ajudar os pobres?
Sim: 83% Não: 17%

# OS RESULTADOS DA PESQUISA

É papel do governo ajudar os pobres, mesmo que para isso seja necessário aumentar impostos?
Sim: 35% Não: 65%

O governo deve obrigar as pessoas a pagar impostos que financiem programas de assistência social?
Sim: 39% Não: 61%

A fim de proteger a indústria nacional, produtos estrangeiros devem ter impostos mais altos?
Sim: 33% Não: 67%

Os brasileiros devem ter o direito de comprar computadores e celulares importados sem ter de pagar impostos de importação?
Concordo: 55% Discordo: 45%

Outra categoria de perguntas tratava da velha polêmica da Petrobras. Num par de questionários, os entrevistados tinham que responder, na lata:

– VOCÊ É A FAVOR DA PRIVATIZAÇÃO DA PETROBRAS?

A resposta, aqui, foi similar à que os grandes institutos de pesquisa constatam: 38% dos entrevistados responderam "sim", 62%, "não". Mas o que aconteceria se retirássemos a palavra "privatização" do título? Um processo de privatização geralmente consiste em tirar o controle da Petrobras do governo e transferi-lo a gestores privados. Se a pergunta menciona exatamente isso, a resposta muda a favor da privatização:

– O BRASIL DEVE RETIRAR O CONTROLE DA PETROBRAS DAS MÃOS DOS POLÍTICOS E CEDÊ-LO A GESTORES PRIVADOS?

Aqui, 52% concordaram com a gestão privada da Petrobras, 48% não.

Das armadilhas que plantei nos questionários, a única que não deu certo tratava de alíquotas de importação a produtos estrangeiros. Em quatro questionários, incluí estas duas perguntas (com outras questões entre elas):

- A fim de proteger a indústria nacional, produtos estrangeiros devem ter impostos mais altos?
- Os brasileiros devem ter o direito de comprar computadores e celulares importados sem terem de pagar impostos de importação?

Eu imaginava que o público cairia em contradição: defenderia tanto a proteção à indústria nacional quanto o direito de comprar importados sem pagar impostos de importação. Mas aconteceu o contrário: a maioria foi coerente. Dos entrevistados, 67% recusaram a proteção à indústria nacional; na segunda pergunta, 55% concordaram com o direito dos brasileiros em comprar eletrônicos. Aumentar impostos nunca, nem mesmo para proteger a indústria nacional.

Na campanha eleitoral de 2006, Geraldo Alckmin poderia ter apostado no poder das palavras. Confirmaria a acusação de Lula de que privatizaria a Petrobras, mas apresentaria um projeto de privatização rodeado de termos fofos e oportunos: "parceria com a iniciativa privada", "gestão profissional" ou "despolitização". Também poderia mesclar o termo a palavras que todo mundo aceita: "privatização cidadã" ou "privatização solidária". Se mesmo assim não subisse nas pesquisas, então seria o caso de acusar Lula de planejar uma "desindexação da economia".

# CEM MILHÕES DE POBRES A MENOS

## O QUE EXPLICA TANTA MELHORIA DA VIDA DOS POBRES DURANTE OS ANOS 2000?

Não é novidade que, do fim do governo Fernando Henrique Cardoso ao começo do governo Dilma Rousseff, os índices que medem a condição dos pobres renderam excelentes notícias. De 2000 a 2010, a renda dos brasileiros mais pobres cresceu 68%, o número de pessoas que viviam com até um dólar por dia caiu 75% e cerca de 30 milhões de pessoas pularam para cima da linha da miséria. Se nos anos 2000 economistas estavam frustrados porque a desigualdade de renda custava a diminuir, a partir de 2001 ela despencou. Em 2002, metade das cidades brasileiras tinha Índice de Desenvolvimento Humano muito baixo: treze anos depois, só 0,6% dos municípios ainda estavam nessa categoria. Goste-se ou não do petista, esses anos abrigaram as "maravilhas sociais da era Lula", como denomina o economista liberal Ricardo Paes de Barros.

A explicação para essas boas notícias costuma depender da preferência política de cada um. A esquerda diz que foram os programas sociais, como o Bolsa Família, e a política de valorização do salário-mínimo. A direita diz que o crescimento econômico, ao lado da baixa inflação do Plano Real, atraiu investimentos e criou vagas de trabalho, tornando mais fácil dar adeus ao chefe e ingressar num emprego melhor. A resposta mais aceita costuma mesclar várias: a vida dos pobres melhorou por causa dos programas sociais aliados à universalização da educação, ao boom na economia e à estabilidade da moeda.

Há ainda outra resposta não tão conhecida. É esta aqui: a pobreza diminuiu no Brasil porque, há pouco mais de trinta anos, os pobres simplesmente deixaram de nascer. A melhoria de vida dos brasileiros no começo dos anos 2000 também é fruto da decisão de milhares de mulheres que, a partir dos anos 1980, tiveram menos filhos. O bônus demográfico que elas produziram acentuou progressos políticos e atenuou as tolices econômicas que os presidentes cometeram.

Dê uma olhada no gráfico a seguir – eu o chamo de "O gráfico que explica o Brasil". Ele mostra a evolução do número de filhos por mulher brasileira de acordo com a taxa de escolaridade.

Repare no que acontecia em 1970. Mulheres que passaram no máximo três anos na escola tinham em média 7,2 filhos, enquanto aquelas com mais de oito anos de educação ficavam com 2,7 filhos. Cada brasileira pouco escolarizada tinha 4,5 filhos a mais que uma mulher mais estudada. Dez anos depois, a fecundidade caiu levemente em todas as faixas de estudo, de modo que a diferença de fecundidade se manteve parecida (4,2 filhos). A partir de 1980, porém, houve uma queda radical na fecundidade das mulheres com até três anos de escolaridade. Em apenas uma década, elas passaram a ter três filhos a menos. Em 35 anos, a diferença de fecundidade passou de 4,5 para 1,6 filho por mulher. Montei uma tabela com esses dados:

**NÚMERO DE FILHOS POR MULHER BRASILEIRA, DE ACORDO COM A ESCOLARIDADE**

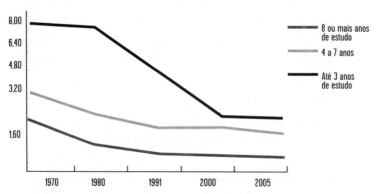

Fonte: Séries históricas e estatísticas, Taxa de fecundidade total, por grupos de anos de estudo das mulheres (1970-2005) – IBGE.

- Claro que nenhuma brasileira tinha frações decimais de filhos. O número quebrado ("7,2 filhos") é resultado do cálculo da média de filhos por mulher.

| PERÍODO | DIFERENÇA DE FECUNDIDADE ENTRE MULHERES COM ATÉ 3 ANOS DE ESTUDO E MAIS DE 8 ANOS DE ESTUDO |
|---|---|
| 1970 | 4,5 |
| 1980 | 4,2 |
| 1991 | 2,2 |
| 2000 | 1,8 |
| 2005 | 1,6 |

Brasileiros menos escolarizados são geralmente os mais pobres. Por isso a queda da diferença de fecundidade também aconteceu entre as classes sociais. É o que mostra na página seguinte. Ele divide as mulheres em cinco categorias de renda e mostra a fecundidade de cada faixa em 1980 e 2010. A primeira coluna, do estrato 1, se refere aos 20% de mulheres mais pobres; o estrato 5, as 20% mais ricas:

**TAXA DE NATALIDADE DE ACORDO COM A RENDA (1980 E 2010, POR MIL HABITANTES)**

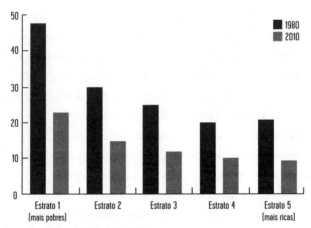

Fonte: Censos Demográficos de 1980 e 2010 — IBGE.

No fim dos anos 1970, demógrafos acreditavam que a fecundidade alta era resultado da pobreza e que só o desenvolvimento econômico a reduziria. Mas, de repente, eles perceberam que enquanto a economia patinava, o número de filhos começou a cair. Como explicar? Os pesquisadores ainda hoje tentam entender. Como sempre, a explicação de um fenômeno social é influenciada pelo viés político. Em 1980, a demógrafa Elza Berquó disse que a crise econômica da época era tão grave que estava tirando a libido dos casais brasileiros (hoje ela diz que defendeu essa teoria somente por alguns meses).[1] Em 2015, Tereza Campello, ministra do Desenvolvimento Social e Combate à Fome, disse que os programas assistenciais do PT eram os responsáveis pela queda da fecundidade. "O Bolsa Família tem garantido que as mulheres frequentem unidades básicas de saúde", disse ela à Agência Brasil. "A frequência do atendimento leva à melhoria do acesso à informação sobre o controle da natalidade e métodos contraceptivos."[2] Faltou explicar como a queda da fecundidade começou trinta anos antes do início do Bolsa Família.

Há explicações mais plausíveis. Uma delas é a urbanização e a entrada das mulheres no mercado de trabalho a partir dos anos 1970. Tendo que bater o ponto todo dia, as mulheres sofreram mais restrições para ter filhos. A aids, a partir da década de 1980, também pode ter contribuído. Com o uso mais frequente da camisinha, menos mulheres engravidaram. Há ainda a popularização da pílula anticoncepcional e o efeito da televisão – talvez não só por dar aos casais outra coisa para fazer à noite, como muita gente comenta, mas por transmitir aos brasileiros a ideia de que uma família bem-sucedida tinha poucos filhos.[3]

A importância dessa mudança demográfica é gigantesca. Sério mesmo: é uma importância do tamanho de um país como o México. Para ter uma noção de como esses números influenciam a sua vida, repare no seguinte:

Se a taxa de natalidade de 1980 não tivesse diminuído, o Brasil teria 295 milhões de habitantes em 2010, em vez de 190 milhões, segundo estudo da pesquisadora Ana Amélia Camarano, do Ipea.[4] Seriam 105 milhões de brasileiros a mais – a maioria pobres nascidos em famílias pouco escolarizadas. Seria como se toda a população do México em 2010 migrasse ao mesmo tempo para o Brasil.

Quem nasceu em 1980 e foi procurar trabalho em 2000 encontrou milhões de concorrentes a menos. Com uma concorrência menor, esses candidatos puderam cobrar mais pelo trabalho. Isso aconteceu principalmente em vagas com baixa exigência de escolaridade, onde a queda do número de concorrentes foi maior. Entre 2001 e 2012, o rendimento real (descontada a inflação) de quem tinha até três anos de estudo aumentou 51%, e aqueles entre quatro e sete anos de estudo tiveram uma renda 32% maior.

O aumento não aconteceu com qualquer vaga de pouca escolaridade. Em fábricas de eletrônicos, por exemplo, o salário dos trabalhadores costuma seguir o limite dos preços no mercado internacional. Para o consumidor, importa pouco se um telefone celular é montado no Brasil ou no Camboja. Por isso, se o custo dos trabalhadores e do produto final aumentar demais, o dono precisa fechar a fábrica no Brasil, mudar-se para um país com mão de obra mais barata ou trocar trabalhadores por máquinas. Os economistas chamam esses setores, onde o trabalho pode ser feito por alguém do outro lado do mundo, de *tradables*, "comercializáveis".

Você pode trocar um operário brasileiro por um chinês para montar o seu telefone, mas é meio complicado contratar um indiano para vir todos os dias de Mumbai para trabalhar no Brasil como pedreiro, babá, vendedor de shopping, garçom ou auxiliar de enfermagem. Sem concorrência externa, trabalhadores desse tipo, de setores *non-tradables*, foram os que mais se deram bem com a redução da taxa de fecundidade. Com a economia borbulhando, mais pessoas tinham dinheiro para contratar babás ou ir a restaurantes. Foi assim que a classe média brasileira descobriu que garçons e babás, trinta anos antes, não haviam nascido. Houve uma corrida desabalada atrás de trabalhadores de pouca escolaridade para setores *non-tradables*. "Construtoras oferecem salário até R$ 2,5 mil para suprir falta de pedreiro", dizia o *Bom Dia Brasil*, da Rede Globo, em novembro de 2013. A revista *Veja SP*, em maio de 2011, dedicou uma capa ao assunto: "Caça às doméstica: Está cada vez mais difícil contratar empregada, diaristas e babás. O número de mulheres atuando nessas funções diminuiu, enquanto o salário aumentou".

A menor fecundidade das brasileiras mais pobres também resultou na Mágica do Desemprego. A Mágica do Desemprego é o fenômeno pelo qual as contratações diminuem – e o desemprego também. Isso é possível porque, a cada ano, menos gente entra no mercado de trabalho. Entre 1995 e 2000, a parcela de brasileiros entre 15 e 24 anos cresceu em média 2,1% ao ano. Isso significa que todo ano era preciso abrir mais vagas que no ano anterior, para abrigar os jovens que começavam a procurar trabalho. Entre 2005 e 2010, no entanto, a população nessa idade diminui 0,9% ao ano.

Ou seja: as vagas poderiam diminuir esse tanto sem provocar aumento do desemprego.[5] Isso explica por que o índice não aumentou no Brasil durante o primeiro governo Dilma, apesar de tão poucas vagas terem sido criadas. Em 2014, abriram 397 mil vagas – o menor número desde 2002. E o desemprego atingiu sua mínima histórica de 4,8%.[6] "O envelhecimento da força de trabalho atenuou a alta do desemprego nos anos 1990 por volta de 20% e acentuou a queda do desemprego por volta de 30% no Brasil como um todo, durante os anos 2000", diz o economista André de Queiroz Brunelli, do Banco Central.[7] Para o economista Fernando Siqueira dos Santos, da Fundação Getulio Vargas, o crescimento da economia entre 1998 e 2012 favoreceu a queda do desemprego, "mas a importância deste fator é bem menor do que fatores populacionais", como a redução da população jovem do Brasil. O desemprego diminuiu porque, entre outras razões, os desempregados não nasceram.

Se a fecundidade continuar caindo, e se a economia do Brasil não se tornar uma completa catástrofe nos próximos anos, teremos nas próximas décadas mais vagas de trabalho que jovens brasileiros querendo ocupá-las. Como aconteceu por aqui no século 19 (e na Europa um século depois), multidões de imigrantes virão ao Brasil em busca de trabalho. Não é loucura imaginar que, lá por 2040, ouviremos no metrô tantas línguas diferentes quanto em Londres ou Nova York.

A diferença entre o número de filhos de mulheres pobres e ricas era uma máquina de criar miséria no Brasil. Depois de 1980, essa máquina continuou ligada, mas numa potência menor. A demografia ainda influenciou outro índice: a desigualdade de renda. Mas esse assunto, as causas da desigualdade brasileira, é vasto e complexo; melhor reservar para ele um capítulo à parte.

# AS QUATRO CAUSAS DA DESIGUALDADE BRASILEIRA

Que o Brasil é um dos países com maior desigualdade social todo mundo já sabe. Passamos a juventude ouvindo isso do professor de geografia ou durante a propaganda eleitoral na TV. O que se discute um pouco menos é por que o país é assim. Qual a origem de tanta concentração de renda no Brasil?

A resposta a essa pergunta costuma vir em tom moralizante. Culpamos a nós mesmos – a nossa história, a nossa sociedade – por irmos tão mal no ranking da igualdade. "A opressão das elites patriarcais", "a manutenção de terríveis arcaísmos", "os baixos salários pagos pelas grandes empresas" são explicações que atribuem a algum inimigo imaginário – geralmente os ricos – a culpa pela má situação dos pobres.

Na verdade, as origens da desigualdade de renda no Brasil estão muito longe das crueldades do capitalismo ou das maldades de uma classe social. Nem todos os motores de concentração de renda no Brasil são evitáveis – dois deles (os dois primeiros, a seguir) são até mesmo motivo de orgulho para os brasileiros.

## O BRASIL É DESIGUAL PORQUE É LIVRE

Se você perguntar a um sociólogo ou a um economista da Unicamp quais são as causas da desigualdade no Brasil, ele vai despejar automaticamente frases sobre a "a ação do livre mercado" e "a exclusão causada pelo capital". Essa visão, na verdade... está correta.

É claro que o capitalismo e o mercado causam desigualdade. O que os economistas chamam de mercado nada mais é que a reunião de pessoas interessadas em trocar bens entre si. E as pessoas têm interesses, preferências e necessidades diferentes. Essa diversidade de preferências faz a renda se concentrar.

Isso fica claro num exercício de imaginação. Suponha que, de repente, todo o dinheiro do Brasil seja dividido igualmente entre todos os brasileiros. De um dia para outro, nos tornamos um país mais igualitário que a Noruega; o coeficiente de Gini cai a zero. O banqueiro Joseph Safra e o cobrador de ônibus acordam com o mesmo patrimônio.

Agora imagine que, no dia seguinte a essa revolução igualitária, surge na internet um canal de humor chamado Porta dos Fundos. Os humoristas do Porta dos Fundos escrevem roteiros geniais; os vídeos que eles lançam logo geram comentários e milhões de visualizações. Ao clicar tantas vezes em links do Porta dos Fundos, os brasileiros dão mais dinheiro a esse grupo de humoristas que a outros, criando a desigualdade no mercado de humor pela internet. O Porta dos Fundos ficaria com a maior parte da verba destinada a canais de comédia do YouTube, sem falar nos anunciantes que, por vontade própria, decidirão usar sua parte da renda dividida igualmente entre os brasileiros para contratá-los como garotos-propaganda.

A situação inicial, em que todos os brasileiros tinham a mesma renda, terá desaparecido.

Os humoristas do Porta dos Fundos não oprimiram ninguém ao aumentar a desigualdade no país. Pelo contrário, eles tornaram a vida mais divertida e foram remunerados justamente por seu talento. Deveriam os brasileiros, para preservar a igualdade nacional, serem proibidos de assistir a tantos vídeos do Porta dos Fundos e obrigados a assistir a alguns de *A Praça é Nossa*? Não, os brasileiros são livres para assistir ao que quiserem, e essa liberdade concentra a renda.

---

▍ Índice mais usado para medir a desigualdade, o coeficiente de Gini vai de 0 (igualdade total) a 1 (desigualdade total).

Do mesmo modo, o mais comunista dos fãs de Música Popular Brasileira está disposto a pagar um bom punhado de reais para assistir a um show do Chico Buarque. Mas não iria ao show "Leandro Narloch canta os grandes sucessos de Kelly Key" nem que lhe pagassem 10 reais para isso. Ao escolher pagar a uns artistas mais que a outros, os apreciadores de MPB aumentam a desigualdade no mercado da música. Deveríamos proibi-lo de tomar essa decisão? Deveria o governo obrigar o rapaz a pagar por um show do Chico Buarque o mesmo que pagaria a mim tentando cantar "Baba, baby, baba"? Eu até gostaria, mas seria injusto. As pessoas são livres para tomar decisões que aumentam a desigualdade – mesmo as decisões mais absurdas e disparatadas, como pagar caro para assistir a um show do Chico Buarque.

Nesses exemplos acima, eu peguei emprestado o "argumento Wilt Chamberlain" que o filósofo Robert Nozick formulou no livro *Anarquia, Estado e utopia*, de 1974. O caso é o similar: imagine que todo o dinheiro do país é dividido igualmente entre os cidadãos, e imagine que o jogador de basquete Wilt Chamberlain assina um contrato para jogar numa partida cobrando mais que os outros jogadores. Como Wilt Chimberlain é um gênio do basquete, muitas pessoas exerceriam seu livre direito de escolha e aceitariam pagar mais para assisti-lo ao vivo. A situação inicial, de igualdade total entre os cidadãos, não seria estável numa sociedade livre, pois, como Nozick arrematou, *liberty upsets patterns*. A liberdade perturba padrões.

A livre-iniciativa torna o Brasil e todos os países do mundo desiguais, mas ela não é suficiente para explicar por que somos campeões mundiais nessa modalidade. A concentração de renda tem causas além das forças do mercado.

# O BRASIL É DESIGUAL PORQUE É DIVERSO

A história do livro *A jangada de pedra* gira em torno de um episódio descomunal: o território de Portugal e Espanha se separa do resto da Europa e passa a vagar pelo oceano Atlântico. "A Península Ibérica se afastou de repente, toda por inteiro e por igual [...] abriram-se os Pireneus de cima a baixo como se um machado invisível tivesse descido das alturas", conta José Saramago.

É interessante imaginar uma continuação desse estranho fenômeno. Digamos que a Península Ibérica, pairando sobre o Atlântico, comece a atrair o território de outros países. A Dinamarca é o primeiro. A ponte que liga Copenhague à Suécia de repente se rompe; o território dinamarquês se desprende também do norte da Alemanha, atravessa o mar do Norte e encontra portugueses e espanhóis no Atlântico. Na costa oriental da África, Quênia e Tanzânia têm o mesmo destino. Os dois países se desprendem da África, contornam o cabo da Boa Esperança, sobem o Atlântico e se fundem com os três outros separatistas. Teríamos assim um país que agruparia no mesmo território mais de 150 milhões de habitantes de Dinamarca, Espanha, Portugal, Quênia e Tanzânia.

Se os dinamarqueses, sempre atentos à concentração de renda, começassem a medi-la nesse novo país, constatariam estar vivendo numa sociedade muito mais desigual. Não apenas teriam, entre seus conterrâneos, quenianos e tanzanianos, alguns dos cidadãos mais pobres do mundo, como também 400 mil novos milionários espanhóis e portugueses, bem mais endinheirados que o dinamarquês médio. A taxa de desigualdade iria às alturas, ainda que fosse meio injusto lamentar esse efeito estatístico, pois sociedades obviamente diferentes haviam sido agrupadas de supetão no mesmo território. No meio desse novo país, um grupo só dos dinamarqueses continuaria tão igualitário quanto antes. E as cidades que concentrassem todos os tipos de moradores seriam as mais desiguais.

Um fenômeno como esse – não o movimento acelerado de placas tectônicas, mas a mistura de povos diversos num grande país – explica boa parte da desigualdade de renda do Brasil. Uma causa importante da desigualdade brasileira é uma das qualidades que nos dá orgulho: a mistura de povos e culturas. O fato de tribos indígenas e imigrantes suíços donos do Burger King conviverem dentro das mesmas linhas imaginárias empurra a estatística para cima.

Se eu estiver certo, preciso provar que há uma Dinamarca incrustada no território brasileiro. Pois ela existe, fica no Rio Grande do Sul. Das quinze cidades mais igualitárias do Brasil, doze são gaúchas de origem alemã (dê uma olhada na tabela na próxima página). A cidade com a renda mais distribuída do país, São José do Hortêncio, tem um índice de Gini de 0,28, abaixo dos 0,29 da Dinamarca. Não houve nessas cidades nenhuma política pública de redução de desigualdade, nenhum imposto sobre fortunas ou coisa parecida. O que explica a igualdade por lá é simplesmente a semelhança entre os cidadãos. Assim como os dinamarqueses, quase todos ali têm a mesma origem cultural, o mesmo nível de educação. E muitos têm origem luterana, como os dinamarqueses, o que historicamente contribuiu para a igualdade. "Comunidades protestantes trabalharam para difundir educação que garantiria que todos pudessem ler a Bíblia, o que tanto aumentou o nível de educação quanto diminuiu sua variação", diz o economista Edward Glaeser.

| AS CAMPEÃS DE IGUALDADE (COEFICIENTE DE GINI) ||
|---|---|
| A SEMELHANÇA ENTRE OS MORADORES EXPLICA A IGUALDADE ESCANDINAVA ||
| São José do Hortêncio (RS) | 0,28 |
| Botuverá (SC) | 0,28 |
| Alto Feliz (RS) | 0,29 |
| São Vendelino (RS) | 0,29 |
| Vale Real (RS) | 0,29 |
| Santa Maria do Herval (RS) | 0,30 |
| Tupandi (RS) | 0,31 |
| Campestre da Serra (RS) | 0,31 |
| Nova Pádua (RS) | 0,32 |
| Córrego Fundo (MG) | 0,32 |
| Santa Rosa de Lima (SC) | 0,32 |
| Picada Café (RS) | 0,32 |
| Presidente Lucena (RS) | 0,32 |
| Vila Flores (RS) | 0,32 |
| Morro Reuter (RS) | 0,32 |

Portanto, se você procura igualdade, pense em locais onde a população é homogênea: cidades habitadas somente por sertanejos pobres ou somente por descendentes de alemães. Pessoas com a mesma origem e cultura. Caatiba, na Bahia, é tão igualitária quanto Portugal ou o Japão (Gini 0,39), pois Caatiba reúne só um tipo de moradores – famílias pobres de pequenos criadores de gado.

Em contrapartida, para achar os locais com maior desigualdade de renda, é preciso mirar nas cidades em que grupos bem diferentes moram juntos. É o caso das capitais, que atraem tanto o banqueiro bilionário quanto o ex-boia-fria que sonha em ganhar mil reais por mês como jardineiro do banqueiro bilionário. Mesmo Florianópolis e Curitiba, as duas capitais mais igualitárias do Brasil, estão acima da média nacional de desigualdade.

No entanto, por causa da classe média expressiva, as capitais não são as campeãs nesse quesito. As cidades mais desiguais são aquelas que reúnem um pedaço da Dinamarca, outro do Quênia e só. É o caso de São Gabriel da Cachoeira, no Amazonas, a cidade brasileira mais desigual. Com um coeficiente de Gini de 0,80, ela supera de longe Seychelles, o país com renda mais concentrada no mundo (0,65). O motivo? Em São Gabriel da Cachoeira há apenas dois tipos de moradores: mais de quatrocentas tribos indígenas, que formam 74% da população e não têm renda formal, e militares, médicos e outros agentes federais muito bem pagos. Cidade que faz fronteira com a Venezuela e a Colômbia, São Gabriel da Cachoeira é sede de batalhões e órgãos federais de vigilância. Prova, como nenhuma outra, a importância da diversidade cultural para a desigualdade econômica. "Em países particularmente igualitários, como os da Escandinávia, a população é geralmente bem-educada e a distribuição de qualificação bem compacta", afirma o economista Edward Glaeser. "Já países particularmente desiguais e em desenvolvimento, como o Brasil, são enormemente heterogêneos nos níveis de qualificação entre elites urbanas bem-educadas e trabalhadores do campo pouco educados."[1]

# A FAMOSA FOTO DA DESIGUALDADE SOCIAL

Não há livro didático ou reportagem sobre concentração de renda que não exiba a foto da favela de Paraisópolis ao lado de um prédio de apartamentos de luxo no Morumbi, em São Paulo. A foto ilustra, como nenhuma outra, o fato de tantos terem tão pouco e tão poucos terem tanto. Mas esconde uma excelente notícia. Quando jornalistas ou autores de provas do Enem escolhem a foto de Paraisópolis para retratar a desigualdade social, costumam comparar a riqueza dos apartamentos com a miséria da favela. No entanto, a comparação mais adequada é a dos moradores da favela hoje e no passado, antes de se mudarem para a metrópole. Não foram os moradores dos apartamentos do Morumbi que criaram a miséria de Paraisópolis – pelo contrário, eles ajudaram a diminuí-la, e muitos deles próprios são netos ou bisnetos de gente miserável.

"A pobreza urbana não deveria ser comparada à riqueza urbana", diz o economista Edward Glaeser, professor de Harvard e o mais celebrado especialista em economia das cidades. "As favelas do Rio de Janeiro parecem terríveis se comparadas a bairros prósperos de Chicago, mas os índices de pobreza no Rio são bem menores que no interior do Nordeste brasileiro."

# ESCONDE UMA EXCELENTE NOTÍCIA

Quem mora em Paraisópolis vive muito melhor do que se tivesse permanecido no sertão nordestino, nas lavouras de boias-frias do Paraná ou entre os escombros do Haiti. Não importa se a miséria está mais aparente ou mais próxima; o principal é que, para os miseráveis, ela tenha diminuido. Como arremata o economista Glaeser: "A pobreza urbana não deveria envergonhar as cidades. As cidades não criam pobres. Elas atraem pobres. Elas atraem pobres justamente porque fornecem o que eles mais precisam – oportunidade econômica".

Talvez a miscigenação atue ainda de outra maneira. Provavelmente por vantagens evolutivas da lealdade de grupo, as pessoas tendem a contribuir mais com quem se parece com elas ou pertence à mesma identidade coletiva. Palmeirenses ficam mais contrariados com o dinheiro público gasto na construção do Itaquerão que os corintianos. O economista Erzo Luttmer mostrou em 2001 que, nos Estados Unidos, o valor dos programas de redistribuição de renda é menor nos estados onde a população é mais diversa. "Se indivíduos preferem contribuir para sua própria raça, etnia ou grupo religioso, eles optam por menos redistribuição quando membros de seu grupo constituem uma parte menor dos beneficiários", diz Luttmer. "Com o aumento da diversidade, a porção de beneficiários que pertencem a um grupo diminui em média. Então o apoio médio para redistribuição cai se a diversidade aumenta."[2] Isso leva a uma conclusão impressionante. Não foi o Estado de bem-estar social quem possibilitou a igualdade na Dinamarca, mas o contrário: a semelhança entre os cidadãos escandinavos possibilitou o Estado de bem-estar social.

Quem quer um Brasil com um índice escandinavo de igualdade precisa torcer para que algum fenômeno à la Saramago divida o país em diversos territórios. Uma alternativa é deixar de ligar tanto para a estatística de desigualdade – e desfrutar a diversidade e a miscigenação que definem o Brasil.

## O BRASIL É DESIGUAL PORQUE AS FAMÍLIAS POBRES TINHAM MUITO MAIS FILHOS QUE AS RICAS

No capítulo anterior, eu disse que a diferença de fecundidade entre mulheres pobres e ricas aumentava a pobreza no país – e a redução dessa diferença explica a redução da pobreza e do desemprego nos anos 2000. O mesmo raciocínio vale aqui. Um motor importante da desigualdade no Brasil é o fato de mulheres pobres terem mais filhos que mulheres ricas.

Nos anos 1970, a diferença era enorme: cada mulher pouco escolarizada tinha, em média, 4,5 filhos a mais que as escolarizadas (eu sei, já falei sobre isso no capítulo anterior, mas me deixe repetir só um pouquinho). Em 2005, o motor tem uma potência menor (diferença de 1,6), mas continua ligado. "Os pobres não apenas têm menores salários que os ricos, mas também dividem esse salário entre mais indivíduos, resultando em maior desigualdade de renda per capita", dizem os economistas Ricardo Hausmann e Miguel Székely num estudo sobre fecundidade e desigualdade na América Latina.[3]

Trata-se de simples aritmética. A renda per capita, como diz o nome, é calculada pelo número de cabeças. Um casal que ganha 1.400 reais e tem três filhos resulta numa renda per capita de 280 reais. Se o mesmo casal tivesse cinco filhos, a renda per capita cairia para 200 reais.

Isso, é claro, se o casal continuar ganhando 1.400 reais. Infelizmente é provável que a renda diminua com o aumento da família. Filhos exigem tempo – tempo que os pais poderiam gastar trabalhando. Mais filhos significam menos chances (sobretudo entre as mães) para trabalhar e ganhar dinheiro. Esse efeito é maior em mulheres com salário baixo, que têm menor custo de oportunidade (ou seja, perdem pouco se decidirem largar o trabalho para ficar em casa cuidando das crianças).

Além disso, mais filhos significam mais gastos – e menos dinheiro para investir na educação de cada um. "O número de filhos que um casal decide ter possui forte relação com o nível de educação que os pais conseguirão fornecer aos filhos", dizem Hausmann e Székely. Cada criança começará a vida com uma parte menor da renda dos pais e com menor escolaridade. Um estudo de 2014 mostra que até 40% da queda da desigualdade de renda são explicados pela queda na desigualdade de escolaridade.[4]

Fica ainda pior. Crianças com pouca escolaridade, quando crescerem, vão concorrer no mercado por vagas de pouca qualificação, aumentando a oferta de trabalhadores não qualificados. Uma vez que salários, assim como qualquer preço, são definidos pela oferta e a procura, o salário de pessoas não qualificadas vai cair, aumentando a diferença de renda entre pouco e muito qualificadas. O maior número de filhos ainda resulta numa poupança menor – e um país com menos economias tem menos capacidade de investimento. Não estou necessariamente defendendo que as famílias tenham menos filhos. Bom mesmo seria se o crescimento da economia e da produtividade fosse maior que o da população brasileira. Como isso não aconteceu, a natalidade se tornou uma máquina de pobreza e desigualdade no país.

Por outro lado, se você tem menos filhos, pode investir mais na educação de cada um deles, quem sabe pagar um intercâmbio para a Inglaterra quando o rapaz chegar à adolescência. Se menos jovens bem qualificados aparecem no mercado, cai a oferta de empregados para vagas mais qualificadas; devido à oferta e à procura, o salário nessas áreas sobe. Em 1973, o economista Carlos Langoni mostrou que, se a economia cresce muito rápido, a baixa educação dos cidadãos se torna um motor potente de desigualdade. Com muitas empresas à procura de funcionários, os poucos candidatos qualificados viram uma mercadoria tão escassa quanto casa de praia durante a temporada. O salário deles sobe muito mais que o dos menos educados, aumentando a desigualdade.

Resumindo: pobres, em geral, dividem a renda com mais indivíduos e educam menos os filhos, contribuindo para a oferta maior (e salários mais baixos) de trabalhadores pouco qualificados; ricos dividem a renda com menos filhos e conseguem dar melhor educação a eles, contribuindo para não aumentar a oferta (e garantindo salários mais altos) de pessoas bem qualificadas.

O poder dessa máquina de desigualdade já foi calculado. Em 2010, 45,2% dos brasileiros eram donos de apenas 10% da renda do país, enquanto 5,9% dos brasileiros ficavam com 40% da renda. Como seriam esses números se a fecundidade de 1980 tivesse permanecido estável até 2010? Teríamos mais pobres dividindo os mesmos 10% e menos ricos desfrutando os 40% da renda nacional. "Se a natalidade não tivesse caído, as proporções comparáveis seriam de 62% e 4,1%, respectivamente", diz a pesquisadora Ana Amélia Camarano, do Ipea.[5]

|  | Em 2010 | Em 2010, se a natalidade não tivesse caído |
|---|---|---|
| Porcentagem de brasileiros que detêm 40% da renda | 5,9% | 4,1% |
| Porcentagem de brasileiros que detêm 10% da renda | 45,2% | 62% |

Fonte: IPEA

O demógrafo Jerônimo Muniz, da UFMG, tem estudos similares. Ele calculou o que aconteceria com a desigualdade social no Brasil entre 1990 e 2000 se todas as variáveis, com exceção da demografia, permanecessem constantes. Em 1990, a diferença de fecundidade entre mulheres pobres e ricas era bem menor que nas décadas anteriores, mas ainda existia. "Se a demografia fosse o único componente do cálculo, a proporção de pobres aumentaria 28% entre 1990 e 2000. Isso corresponderia a 42% da população. Já a desigualdade seria até 40% maior", diz Muniz. Por causa da estabilidade da moeda e o crescimento (ainda que pequeno) da economia, houve um movimento modesto na direção contrária: a pobreza caiu 9% entre 1990 e 2000.[6]

Estaria eu culpando a vítima ao dizer que as mulheres de classe baixa são responsáveis pela alta desigualdade no Brasil? Nunca me esqueço de uma vizinha da minha mãe que pagava menos de um salário-mínimo para a empregada e não cansava de dizer que os pobres eram pobres porque nada faziam além de ter filhos. Não: culpa não é um conceito que funciona bem em economia. Os pobres provavelmente ficaram presos numa armadilha: sem dinheiro e informação, tiveram muitos filhos, o que os deixou com ainda menos dinheiro e informação. Não é correto culpar os pobres nem os ricos pela desigualdade. Basta entender que é a demografia, e não tanto a opressão das grandes empresas e do capitalismo, que explica boa parte da concentração de renda no Brasil.

## O BRASIL É DESIGUAL PORQUE O ESTADO ESCULHAMBA O PAÍS

Uma opinião comum nas discussões sobre economia é que, se o governo deixar, as grandes corporações vão avançar sobre os pequenos empresários e os ricos concentrarão toda a renda do país.

Não, é o contrário.

Grandes empresas recorrem a políticos para se tornarem monopólios. Empresários estabelecidos num negócio pressionam o governo para aumentar regras e exigências, dificultando a vida de possíveis concorrentes. Leis urbanísticas protegem o patrimônio dos ricos contra a desvalorização. E os brasileiros da classe A são quem mais recebe dinheiro público.

Desigualdade não é algo concreto – é só uma estatística. Nem sempre uma desigualdade maior significa que as pessoas pioraram de condição. Compare, por exemplo, estas três situações:

A: João e José ganham mil reais por mês cada um.

B: João ganha 2 mil reais por mês; José, 1.400 reais.

C: João ganha 40 mil reais por mês; José, 2.200 reais.

Na situação A, João e José têm uma relação perfeitamente igualitária. Nas outras duas, a desigualdade cresce, ainda que os dois indivíduos tenham enriquecido. John Rawls, um dos principais filósofos políticos do século 20, sistematizou esse pensamento no seu *Princípio da diferença*. Desigualdade, segundo essa tese, é aceitável se resultar em melhoria de condição dos mais pobres.

## IGUALDADE OU RIQUEZA

Isso vale tanto para João e José como para um país inteiro. Na China, a desigualdade aumentou continuamente nas últimas três décadas. E todo mundo sabia que isso ia acontecer, pois quase todos os chineses eram miseráveis em 1980. Quando indústrias chegaram, alguns enriqueceram antes dos outros. Na estatística, a desigualdade cresceu, ainda que ninguém tenha empobrecido. Pelo contrário: 580 milhões de chineses deixaram a pobreza.

Quem diz isso é uma pessoa de esquerda, o economista Joseph Stiglitz, Prêmio Nobel de 2001. No livro *O preço da desigualdade*, Stiglitz dedica todo um capítulo sobre ações do governo que deixam os pobres mais pobres e os ricos mais ricos. Seu principal alvo é o *rent-seeking* – a arte de conseguir benefícios e privilégios não pelo mercado, mas pela política.

> O *rent-seeking* tem várias formas: transferências ocultas ou abertas de subsídios do governo, leis que tornam o mercado menos competitivo, leniência com as leis de proteção da competição e regras que permitem às corporações tirar vantagem dos outros ou transferir custos para a sociedade.

(Há mais sobre isso no capítulo "Em defesa dos inimigos imaginários".)

Stiglitz diz que a América Latina é rica em privilégio a grandes empresas – e ele está certíssimo. Dos casos recentes da política brasileira, o exemplo mais bem-acabado é o da Braskem, a maior petroquímica brasileira. A Braskem é a única fabricante nacional de diversas resinas plásticas usadas na fabricação de brinquedos, embalagens, cadeiras de plástico, carpetes, seringas, peças de carros e eletrodomésticos, tubos, canos – enfim, de quase tudo. Na média mundial, o imposto de importação de resinas é de 7%. No Brasil, era de 14%, mas em 2012 a presidente Dilma elevou a taxa para 20%. Na época, o aumento causou revolta, pois reverberaria em toda a cadeia de produtos plásticos *made in Brazil*. "A iniciativa beneficiará somente um monopólio instalado no país, o da Braskem, prejudicando toda uma cadeia produtiva, e, o que é mais grave, os consumidores pagarão a conta", escreveu José Ricardo Roriz Coelho, então presidente da Associação Brasileira da Indústria do Plástico.[7] Com os concorrentes estrangeiros fora do páreo, a Braskem pôde cobrar mais pelas resinas que vendia a 12 mil fábricas brasileiras. Entre janeiro de 2013 e fevereiro de 2014, o aumento dos produtos da empresa foi de 27,6%. Agora, adivinha quem controla a Braskem? Nada menos que a Odebrecht, empresa envolvida até a alma em escândalos de corrupção e propinas para o partido então no poder. Durante a Operação Lava Jato, o ex-diretor da Petrobras Paulo Roberto Costa e o doleiro Alberto Youssef disseram que a Braskem pagava propina em troca de maiores lucros em contratos com a Petrobras.[8]

Outros motores estatais de desigualdade não são tão fáceis de perceber. As leis urbanísticas, por exemplo. Em muitas cidades brasileiras, a prefeitura impõe um limite de área construída em relação à área do terreno. É por isso que o Brasil não tem prédios com mais de cem andares, como em qualquer lugar civilizado. A regulação urbanística cria uma escassez artificial de espaço urbano, empurrando o preço para cima. Esse fenômeno não é exclusividade do Brasil. Leis que dificultam a construção de prédios aumentam o preço dos imóveis em 800% na cidade de Londres e em 300% nas metrópoles Paris e Milão.[9]

A principal tese do francês Thomas Piketty, autor de *O capital no século 21*, é que o retorno sobre o capital vem crescendo em relação ao retorno sobre o trabalho. Está valendo mais a pena viver de renda que do trabalho. Por que isso acontece? Para o norte-americano Matthew Rognlie, estudante de economia de 26 anos que virou o antiPiketty, as leis de zoneamento são um dos motivos. "Quem está preocupado com a distribuição de renda precisa ficar atento aos custos de moradia", escreveu ele.[10] Com a escassez artificial de espaço, quem tem imóveis fica ainda mais rico, enquanto os que estão lutando para comprar um imóvel precisam contrair uma dívida maior para realizar o sonho da casa própria. O de cima sobe e o de baixo desce, como dizia aquele axé da banda As Meninas.

Tem ainda a inflação. Quando as notas de Real se desvalorizam, ricos correm para aplicações bancárias atreladas ao reajuste dos preços. Quanto mais dinheiro, melhor a proteção, já que investimentos de grande volume costumam ser remunerados com taxas melhores. Os pobres não conseguem se proteger tão bem. Alguns não se protegem nada: 55 milhões de brasileiros sequer têm uma simples caderneta de poupança.[11] Quando o governo descuida da estabilidade da moeda, atinge em cheio os mais pobres.

O leitor já deve estar assustado com o poder do governo de concentrar a renda – e olha que ainda nem chegamos ao principal motor de desigualdade do Brasil. É este aqui: a aposentadoria integral de funcionários públicos e as pensões especiais. Um estudo recente e enfático sobre isso é "Gasto público, tributos e desigualdade de renda no Brasil", de Marcelo Medeiros e Pedro Souza, pesquisadores do Ipea. Eles analisaram todas as movimentações financeiras do governo brasileiro e calcularam o impacto de cada tipo de transação no coeficiente de Gini brasileiro. A conclusão é de assustar: "Cerca de um terço da desigualdade total pode ser diretamente relacionado às transferências de renda e aos pagamentos feitos pelo Estado aos indivíduos e às famílias, mesmo depois de considerarmos os efeitos progressivos dos tributos diretos e das contribuições".

Daí você pergunta: como é possível o Estado aumentar a desigualdade se toda hora vemos na TV o Bolsa Família e outras ações públicas de assistência aos pobres? A resposta está no próximo capítulo.

Nos anos 1950, mulher trabalhando fora de casa era sinal de pobreza. Se o salário do marido não bancava todas as contas, a mulher se tornava telefonista, vendedora, secretária, enfermeira. Já as esposas de homens ricos ficavam em casa cuidando dos filhos. (Sim, como na série de TV *Mad Men*.)

Tudo mudou nas últimas décadas. Senhoras de classe média ou de classe alta passaram a desprezar a vida de donas de casa e a sonhar com o sucesso na firma. A parcela de mulheres que trabalhavam passou de 32%, em 1960, para 48% em 2014.

## A EMANCIPAÇÃO FEMININA E A DESIGUALDADE DE RENDA

Como essa mudança de comportamento aconteceu principalmente entre mulheres ricas, a renda das famílias de classe média e alta aumentou, enquanto a das famílias pobres se manteve, pois as mulheres pobres já trabalhavam. A emancipação feminina provocou, assim, uma consequência inusitada — o aumento da desigualdade. Os pobres continuaram pobres e os ricos ficaram mais ricos. Um estudo calculou que, não fosse a emancipação feminina, o coeficiente de Gini dos Estados Unidos estaria em 0,34 em 2005, em vez de 0,43.[12] Um fenômeno semelhante deve ter ocorrido no Brasil.

Eis um belo exemplo de como a estatística pode revelar um aumento de desigualdade mesmo quando nenhum dos envolvidos piora de situação.

# BOLSA FAMÍLIA AO CONTRÁRIO

A ONU DIZ QUE O BOLSA FAMÍLIA É UM EXEMPLO DE COMBATE À POBREZA E À DESIGUALDADE. A *Economist*, revista dos leitores mais importantes do mundo, diz que o programa "transformou vidas" ao cortar "a pobreza em 28% em uma década usando apenas 0,5% do PIB".[1] Para o *New York Times*, o Bolsa Família reforçou a renda, a educação e a saúde das crianças pobres do Brasil.[2]

Há mais um motivo para defender o Bolsa Família. Ele é uma pequena compensação a programas do governo federal que têm a direção inversa – tiram dos pobres para dar aos ricos, ou ao governo. Há no Brasil casos de Bolsa Família ao contrário. Têm um orçamento dezenas de vezes maior que o programa original, ainda que o governo evite fazer propaganda sobre eles.

## BOLSA SOLTEIRONA

Com um gasto de 26,7 bilhões de reais em 2014, o Bolsa Família atingiu 14 milhões de famílias, ou 50 milhões de pessoas – cerca de um em cada quatro brasileiros. Ao mesmo tempo, o governo destinou uma quantia quase três vezes maior – 62 bilhões de reais – para só 1 milhão de funcionários públicos federais aposentados. O valor supera não só o Bolsa Família, mas todo o sistema de aposentadoria comum, que pagou 50 bilhões a 24 milhões de pessoas. Fazendo a conta, 1 milhão de brasileiros recebe do governo mais que outros 41 milhões de brasileiros.

A aposentadoria integral dos funcionários públicos acabou em 2013 – quem passou em concurso depois dessa data não tem mais direito a se aposentar com o salário integral. Mas até os novos funcionários se aposentarem, a contribuição do governo para a concentração de renda vai continuar por algumas décadas.

Mais caro ainda é o sistema de aposentadorias militares. Ele custa o mesmo que o Bolsa Família, mas atende só 300 mil brasileiros. Do total, apenas 2 bilhões de reais vêm de contribuição dos militares na ativa. Ou seja: o rombo de quase 22,5 bilhões de reais é financiado pelos brasileiros em geral – entre eles, gente que recebe o Bolsa Família.

É verdade que os funcionários públicos e os militares têm direito adquirido à aposentadoria e contribuíram para ela. Mas, num debate sobre desigualdade, o que basta é saber que essas transferências concentram a renda. Além disso, é difícil negar que há mordomias demais nas aposentadorias dos servidores – não só mordomias, mas também falcatruas.

A filha de militar que não se casa no papel para não perder a pensão já é um personagem clássico do Brasil. Dos 300 mil pensionistas do sistema militar, 90 mil são filhas solteiras de militares, que recebem 4 bilhões de reais por ano. O direito das filhas à pensão vitalícia foi derrubado em 2000, mas, de novo, a nova regra vale só para as filhas de quem virou militar a partir de então. A revista *Época* revelou diversos casos de pensionistas casadas no religioso, mas solteironas no civil. Uma "solteira" gastou 200 mil reais na festa de casamento. Outra tinha sete filhos com o mesmo homem – que, segundo ela, era apenas um namorado.[3]

## BOLSA CAIXA ECONÔMICA

Caro leitor, estou precisando de um dinheirinho emprestado, será que você poderia me dar uma ajuda? Você me empresta 200 reais por mês e eu prometo devolver com juros correspondentes à metade da inflação. Mas só devolvo se você ficar doente, for demitido ou quiser comprar uma casa. Topa?

Todo trabalhador, quando ingressa num emprego com carteira assinada, precisa aceitar essa proposta não exatamente tentadora. Todo mês, é obrigado a deixar 8% do salário numa conta da Caixa Econômica Federal vinculada ao Fundo de Garantia por Tempo de Serviço (FGTS). Desde 1999, o FGTS é reajustado pela fórmula "3% mais zero". Quer dizer, 3% mais a Taxa Referencial (TR). Como o governo pode reduzir a TR como bem entender, ela costuma ficar perto de zero – foi de 0,19% em 2013 e 0,86% em 2014. Impossível pensar numa forma melhor de esculhambar a economia dos pobres. O fundo rende menos que um título público, menos que a poupança, e até mesmo menos que a inflação. Se uma pessoa investisse mil reais no FGTS em 1999, teria 1.340,47 reais em 2014. O problema é que, por causa da inflação, o poder de compra de mil reais em 1999 equivale ao de 2.586,44 reais quinze anos depois. Ao ser obrigado a investir no FGTS nesse período, o cidadão perdeu 88% do poder de compra.

Há nos tribunais brasileiros quase 40 mil ações exigindo uma correção decente que pelo menos cubra a inflação, além de uma compensação por perdas. O Instituto Fundo Devido ao Trabalhador calcula que, só em 2014, a diferença entre a correção do governo e a correção justa, pela inflação, foi de 35 bilhões de reais. É bem mais que o Bolsa Família daquele ano. No acumulado desde 1999, a diferença chega a 254 bilhões de reais, segundo o instituto. Duzentos bilhões de reais equivaliam, em 2015, a mais que o valor de mercado da Petrobras. Eis a conclusão aterradora. Desde 1999, o governo tirou, via FGTS, uma Petrobras inteira dos trabalhadores brasileiros. E ainda sobraria um troco de 50 bilhões de reais.

Para alívio de quem tem conta de FGTS, em 2015 o Congresso aprovou um reajuste maior, mas só para novos depósitos. Eles serão reajustados conforme a poupança – que às vezes paga menos que a inflação.

Alguém poderia argumentar que não é o trabalhador quem paga o FGTS, e sim o patrão. Mas um princípio básico da economia é que o ônus de impostos e taxas é compartilhado tanto por compradores quanto por vendedores de um bem. Por exemplo, se o condomínio de um apartamento é alto demais, o proprietário terá que diminuir o valor do aluguel. Não adianta dizer que "quem paga o condomínio é o inquilino": querendo ou não, ele vai ter de arcar com parte dessa taxa. Também é assim com salários. Se a mão de obra encarece, os empregadores contratam menos pessoas. Com a menor demanda, os trabalhadores têm menos opções, e precisam aceitar salários menores. Ou seja: o funcionário ganha um pouco menos, o patrão paga um pouco mais. Os dois perdem.

Em 2013, muita gente comemorou a aprovação da lei que dava às empregadas domésticas o "direito de contribuir" para o FGTS. Desde quando isso é uma boa notícia? É como festejar o fato de ser obrigado a trabalhar de graça para a Caixa Econômica Federal.

## BOLSA MILIONÁRIO

De todo o modesto 1 trilhão de reais que prefeituras, estados e a União arrecadaram em 2014, metade veio de pessoas que recebem até três salários-mínimos. A mordida, aqui, não é tanto no imposto de renda, mas nos tributos ocultos nos preços do supermercado.

Os impostos sobre o consumo mordem mais os pobres, pois, em relação aos ricos, eles gastam uma parte maior do salário em compras. Segundo o IBGE, os 10% mais pobres perdem 32% do que ganham em impostos; com os 10% mais ricos, esse número cai para 21%.

Por exemplo, digamos que o imposto médio sobre o varejo seja de 30%, e que uma pessoa gaste mil reais por mês com mercado, padaria, restaurante, roupas e transporte. Só de impostos, seriam 300 reais. Se o salário da pessoa é de 2 mil reais, o imposto morderia 15% da renda. Mas se ela ganha 10 mil reais, os impostos indiretos caem para 3% da sua renda. Mesmo que ela se empolgue no mercado, encha o carrinho de pistache e uísque, e no fim do mês gaste 3 mil reais em consumo, deixará 900 reais (ou 9% de sua renda) em impostos.

## BOLSA EMPRESÁRIO

Um traço interessante da história da economia brasileira é que muitas leis e instituições desastrosas foram criadas por excelentes economistas inspirados em ideias que pareciam sensatas. O FGTS, por exemplo, foi implantado em 1967 por Roberto Campos, então ministro do Planejamento do governo Castello Branco. A medida foi uma contrapartida a mudanças nas leis trabalhistas. Até então, o patrão que quisesse demitir um empregado tinha que pagar indenização de um mês de salário por ano de trabalho, e empregados ganhavam estabilidade depois de dez anos trabalhando na mesma empresa. Muito sensatamente, Campos acreditava que essas regras tiravam o incentivo a contratações e levavam patrões a demitirem funcionários pouco antes de completarem dez anos de casa. Ao extingui-las, o ministro criou uma poupança compulsória, o FGTS – sem imaginar que, décadas depois, o fundo se tornaria uma máquina de queimar a poupança dos trabalhadores.

Também foi assim como o BNDE (Banco Nacional de Desenvolvimento Econômico, que em 1982 ganhou um "Social" no final do nome e mudou de sigla para BNDES). Criado em

1952, logo após a Segunda Guerra, o banco foi fruto da estratégia de técnicos e economistas brasileiros e americanos para resolver a falta de crédito para grandes obras de infraestrutura no país. A ideia era criar um intermediário entre as agências internacionais de crédito e as empresas brasileiras. Uma análise técnica (e não ao sabor de influências políticas) definiria prioridades do país e escolheria os projetos de infraestrutura. Quem ficaria a cargo dessa análise seriam funcionários selecionados por concurso público, outra novidade na época. Os empréstimos do banco deveriam ser complementares a investimentos privados, serem destinados a atividades que seriam inviáveis sem a ajuda do governo e financiados por meios "não inflacionários" ou seja – não valia simplesmente imprimir dinheiro (e gerar inflação) para emprestá-lo. Deu certo, quer dizer, deu certo por alguns meses.

Um ano depois da fundação do banco, Getúlio Vargas nomeou um amigo, o advogado José Soares Maciel Filho, como novo superintendente. Dono de uma fábrica de tecidos e de um jornal em que defendia Getúlio, Maciel Filho costumava escrever os discursos do presidente – atribui-se a ele até mesmo a autoria da carta-testamento de Getúlio ao se matar, em 1954. Maciel também era o diretor-executivo da Superintendência da Moeda e do Crédito (Sumoc), a instituição que coordenava a emissão de moeda no Brasil. Era um claro conflito de interesses: o homem que cuidava da oferta de moeda também era diretor de um banco. Quando o embaixador americano Merwin Bohan duvidou que o Brasil conseguiria cumprir o combinado de dar contrapartida nacional a empréstimos estrangeiros, Maciel respondeu com um disparate: se faltasse dinheiro no BNDE, ele poderia imprimir na Sumoc. "Es um loco, es un loco, damn it!", respondeu o embaixador, de acordo com o que conta Roberto Campos em suas memórias.

Roberto Campos, aliás, trabalhou no BNDE na época e anos depois, durante o governo JK. Conta que Maciel Filho concordava com o recrutamento por concurso público – mas com alguma folga: "Seria necessário que lhe reservássemos uma cota de apadrinhamento político de 20%".

– Isso – afirma ele [Maciel] – é a necessária e inevitável taxa de meretrício político, ou seja, a cota de filha-da-putismo...

A insistência de Maciel em decidir politicamente quem trabalharia ali e em quais projetos o BNDE investiria acabou forçando Roberto Campos e outros técnicos a pedir demissão em 1953, um ano depois da criação do banco. Voltaria no ano seguinte, depois da queda de Getúlio e Maciel. "O BNDE atravessou várias fases", diz Campos em suas memórias.[4]

> Entre 1952 e 1956 foi o banco da infraestrutura. A partir de 1956, tornou-se o banco do Plano de Metas, com importante função na expansão industrial. A partir de 1965 diversificou seu leque de atividades, passando a usar a intermediação de bancos privados para o repasse de fundos especiais, como o Finame e o Fipeme. No período Geisel tornou-se o banco da substituição de importações em resposta à crise do petróleo. [...] No governo Collor, tornar-se-ia o banco das privatizações.

O dinheiro do BNDES vem do Fundo de Amparo ao Trabalhador, que por sua vez é alimentado com impostos cobrados a empresas (PIS e Pasep). Na prática, todas as empresas brasileiras pagam pelo benefício de algumas. Pior ainda, em 2009 o governo começou a emitir títulos de dívida para injetar recursos no BNDES. É justamente o que os fundadores do banco tentavam evitar quando optaram pelo financiamento por meios não inflacionários.

Sorte de Roberto Campos não ter visto o que aconteceria com o BNDES nos anos 2000. Sob os governos de Lula e Dilma, o BNDES se tornou uma fonte de privilégios para ditaduras socialistas e empresários apoiadores do governo.[5] Foi o grande culpado pelo rombo fiscal que a partir daqueles anos voltou a assombrar o país. Somente entre os anos 2010 e 2014, o BNDES recebeu quase 288 bilhões de reais e emprestou esses recursos para empresários muito carentes e necessitados, como Eike Batista,[6] Marcelo Odebrecht e Joesley Batista.[7] Todos esses empresários fizeram doações eleitorais ao governo que lhes emprestou o dinheiro. Pior ainda, enquanto agricultores brasileiros do Centro-Oeste clamavam por estradas e hidrovias para escoar a soja via portos da Amazônia, o BNDES financiou obras em Cuba, Venezuela e Moçambique – países que depois atrasaram pagamentos ou deram calote no governo brasileiro.

É verdade que o BNDES não doou, e sim emprestou a apoiadores do governo. Mas os juros eram tão baixos que o empréstimo tinha cara de doação. A taxa média de juros dos grandes financiamentos do BNDES foi de 5% em 2014. Como isso era a metade da taxa de juros que o governo pagava ao captar recursos via emissão de dívida, resultava em prejuízo real para os contribuintes. Naquele ano, o subsídio aos empréstimos custou 30 bilhões de reais – 3,3 bilhões a mais que o Bolsa Família. O Ministério da Fazenda estimou na época que, até todos os empréstimos serem pagos, 188 bilhões de reais seriam gastos pelo governo em subsídios. É bem mais que os 111 bilhões de reais do déficit das contas públicas em 2015. A farra dos empréstimos do BNDES é em grande parte culpada pelo rombo fiscal e pela recessão que o país viveu naqueles anos.

O químico Lavoisier, autor da lei "na natureza nada se cria, nada se perde, tudo se transforma", apresenta uma crítica fundamental a bancos públicos que oferecem empréstimos subsidiados. Para favorecer um lado, o BNDES precisa desfavorecer outro. Se incentiva aqui, ali desincentiva. Encarece o crédito numa ponta para baratear na outra. Fica ainda pior quando tira dinheiro dos setores produtivos da economia e o destina a empresas corruptas e ineficientes, a obras que se tornarão "elefantes brancos" e a ditaduras caloteiras.

Imagine uma pessoa que quebra as suas pernas e logo depois dá a você um par de muletas, dizendo "veja, se não fosse por mim, você não seria capaz de andar".[8] É mais ou menos assim a ação do Estado brasileiro na pobreza e na desigualdade. Ele concede privilégios a grandes empresários, mantém aposentadorias milionárias, torna os produtos do supermercado mais caros para os pobres e obriga todo trabalhador a investir numa conta que reajusta menos que a inflação. Depois, como se nada tivesse acontecido, se diz muito preocupado com os pobres, e anuncia um programa de transferência de renda para reduzir a miséria e a desigualdade que ele próprio criou.

# O PT CONTRA O BOLSA FAMÍLIA

No alto de um palanque da campanha eleitoral de 2009, Luiz Inácio Lula da Silva esbravejou contra quem reclamava dos programas de transferência de renda:

> Alguns dizem 'o Bolsa Família é uma esmola'. 'O Bolsa Família é assistencialismo.' 'O Bolsa Família é demagogia.' E por aí afora. Tem gente tão imbecil, tão ignorante, que ainda fala 'o Bolsa Família é pra deixar as pessoas preguiçosas, porque quem recebe Bolsa Família não quer mais trabalhar'.

A fala do ex-presidente rendeu aplausos e compartilhamentos, mas deixou de fora um importante detalhe. Quem cunhou o termo "Bolsa Esmola" foi o próprio Lula, em 2001. Também foram os petistas que formularam as críticas que considerariam equivocadas uma década depois.

O Lula de 2001 dirigia suas críticas ao programa Bolsa Escola, criado durante o governo Fernando Henrique Cardoso. Cada família ganhava 15 reais por criança inscrita na escola. Para os petistas, o dinheiro era uma ninharia. Durante uma viagem ao Nordeste, em setembro de 2001, Lula, segundo a *Folha de S.Paulo*, "chamou de 'esmola' os 15 reais dados pelo governo federal a cada criança atendida pelo programa Bolsa Escola e os 60 reais dados pelo Bolsa Renda às famílias atingidas pela seca".[1] Um mês antes, José Genoino, presidente interino do partido, já havia dito que o programa se tratava de "uma esmola de 15 reais".[2]

Havia alguma sinceridade na crítica dos petistas ao Bolsa Escola de FHC. Apesar de personagens importantes do PT terem criado e defendido os programas de transferência de renda mesmo antes dos tucanos, membros do partido tratavam a iniciativa como assistencialismo, destinado a atenuar a miséria e manter o controle sobre os pobres. Quem conta essa história é Cristovam Buarque, senador pelo PPS. "No início, o PT foi radicalmente contra", disse-me ele em 2014. "Diziam que era política compensatória, que o papel do governo era fazer reformas de base, e não assistencialismo com os pobres." Cristovam Buarque teve a ideia de dar dinheiro a famílias pobres que mantivessem o filho na escola em 1986, quando era reitor da UnB. Quatro anos depois, quando o PT criou um governo paralelo contra Fernando Collor, ele incluiu na lista de propostas a ideia de renda mínima vinculada à educação. "A cúpula do PT retirou a proposta", diz ele. "Disseram que se tratava de demagogia." Só em 1995, quando se elegeu governador, Cristovam conseguiu implantar a ideia no Distrito Federal.

Assim como o Bolsa Família atualmente, o Bolsa Escola de FHC exigia a participação de prefeituras no cadastro de mães e estudantes. Em agosto de 2001, prefeitos do PT decidiram boicotar o programa porque viam nele assistencialismo e motivações eleitorais – duas críticas contra as quais eles próprios se debateriam uma década depois. O boicote evitou que 250 mil estudantes recebessem o benefício.[3] Em São Paulo, a prefeita Marta Suplicy criticou a logomarca do governo federal no cartão magnético dos beneficiários. Marta apoiava os programas de transferência de renda, mas queria que o símbolo da Prefeitura de São Paulo também estivesse impresso no cartão do Bolsa Escola. O ministro Paulo Renato, da Educação, respondeu que era impossível fazer cartões diferentes para cada prefeitura do país (ainda hoje o cartão do Bolsa Família só tem a logomarca do governo federal). A recusa de Marta adiou o benefício de 15 reais por quatro meses, durante os quais uma quantia acima de 8,8 milhões de reais (em valores de 2001; 21,7 milhões em 2014) deixou de ser entregue a estudantes carentes.

Críticas de deputados do PT ao Bolsa Escola dominaram os discursos da Câmara em 2001 e 2002. O senador Lauro Campos, do PDT, seguiu a linha dos que enxergavam o Bolsa Escola como esmola populista e degradante. Em 2002, em comemoração ao aniversário de 80 anos de Leonel Brizola, ele acusou FHC de oferecer "aos trabalhadores desempregados e miserabilizados o seu neopopulismo da Bolsa Escola de 50 centavos por dia, esmola que degrada quem oferece e ofende quem recebe".[4] Reajustada pelo IGP-M, a "esmola" de 15 reais de 2001 equivalia a 41 reais em 2015 – quase o mesmo que os 42 reais concedidos a cada estudante pelo "benefício variável vinculado ao adolescente" do Bolsa Família.

Já o deputado Walter Pinheiro (PT-BA) formulou uma crítica que a direita liberal costuma repetir nos dias de hoje. Ele reclamou que o programa resultaria em aumento de impostos e menor prosperidade: "Mais uma vez, [o recurso viria] da população, via imposto de renda, via CPMF, e da atividade produtiva, com o aumento da alíquota da Cofins, que recai sobre a sociedade".[5]

O deputado Gilmar Machado (PT-MG) retratou o programa como um assistencialismo em formato de cartão magnético:

> O governo deve perceber que não podemos continuar com a política de distribuição de vales e cartões, deixando o povo na fila para tirar foto, com o intuito de mostrar que é bonzinho, que dá benesses para a população. Na realidade, o povo brasileiro não quer receber esmola, mas um salário condizente com a realidade, quer ter dignidade, usufruir hospitais, escolas, ter direito ao lazer e ao turismo.[6]

Durante a campanha eleitoral de 2002, a senadora petista Heloísa Helena (à época no PT, hoje no Rede Sustentabilidade) também se pronunciou sobre o Bolsa Escola. Ela reclamou do terror eleitoral do PSDB, que estaria espalhando o boato de que o benefício seria cortado caso Serra perdesse a eleição. Disse a senadora:

# PT ACUSA O PSDB: "DAR BOLSA É COMPRAR VOTOS"

— O terrorismo eleitoral, a vigarice política, o banditismo que está sendo feito em vários lugares deste país é inadmissível, porque se aproveitam da dor, do sofrimento e da angústia de um pai de família — que muitas vezes vê no Bolsa Escola e no Bolsa Renda as únicas possibilidades de alimentar seus filhos — dizendo que, em qualquer lugar em que a oposição for vencedora, não poderão contar com mais nenhum desses mecanismos para contribuir para o sustento de suas famílias.[7]

É a mesmíssima acusação que os tucanos fizeram contra o PT uma década depois.

Esse era o discurso oficial do PT quando chegaram as eleições presidenciais de 2002. "Estamos confundindo programas sociais quase com uma esmola para um povo muito necessitado", disse Lula já no segundo turno, no debate da TV Globo contra José Serra. Mesmo depois de eleito presidente, Lula seguiu com um pé atrás em relação aos programas de transferência de renda. Seu grande projeto para combate à pobreza não era dar continuidade ao Bolsa Escola, mas implantar o Fome Zero. Dentre várias metas pouco claras, o plano para o Fome Zero era resolver o problema da fome pela reforma agrária fortalecendo a agricultura familiar. Só em 2003, quando o programa começou a afundar, Lula desistiu dele, unificou os programas de FHC e criou o Bolsa Família. Em poucas semanas, o crítico do bolsa esmola se tornou seu principal defensor.

## NEM LULA NEM FHC. QUEM CRIOU O BOLSA FAMÍLIA FORAM OS NEOLIBERAIS

Outro motivo para tucanos e petistas desprezarem os programas de transferência de renda é a origem intelectual desses programas. A ideia que se tornou a maior bandeira da esquerda brasileira nasceu com Friedrich von Hayek e Milton Friedman. Esses dois economistas são odiados pela esquerda por serem conhecidos como os pais do neoliberalismo, a doutrina dos anos 1970 que defendia as privatizações e a redução do tamanho do Estado.

Pouca gente sabe dessa origem, mas ela não é nenhum segredo. O próprio Eduardo Suplicy admite a influência neoliberal. No livro *Renda de cidadania*, Suplicy afirma que ele próprio, para montar um projeto de renda mínima no Brasil, se inspirou em estudos de economistas liberais que conheceu na década de 1960, durante o mestrado de economia na Michigan State University.[8] Entre várias fontes de inspiração, como Karl Marx e Jesus, Suplicy menciona Hayek e Friedman. Ele inclui no final do livro até mesmo uma entrevista com Milton Friedman, realizada em 2000. "Ser contra a renda mínima só porque Friedman a defendeu é semelhante a ser contra o imposto de renda só porque países capitalistas o aplicam", escreveu o senador.

A proposta de Milton Friedman está no livro *Capitalismo e liberdade*, de 1962. O economista, Nobel de 1976, sugere o seguinte: em vez de impor leis e regulações que distorcem o mercado, como leis de salário-mínimo e controles de preços, é melhor o governo criar um "imposto de renda negativo". Quem ganha menos que o piso do imposto de renda deveria pagar um imposto negativo (ou seja, receber um subsídio) proporcional ao valor que falta para chegar ao piso. No Brasil de hoje, a mordida do imposto começa com 7,5% sobre o que excede o rendimento de 1.800 reais. Portanto, segundo a proposta de Friedman, quem tivesse um salário de 1.200 reais ganharia 7,5% de 600 reais.

"As vantagens de tal prática são claras", escreveu Friedman. "Explicita o custo que impõe à sociedade. Opera fora do mercado. Como qualquer outra medida para mitigar a pobreza, reduz o incentivo a fim de que os ajudados ajudem a si próprios, mas não o elimina inteiramente."

Já os argumentos de Hayek são mais teóricos, relacionados à sua visão de liberdade humana. Hayek vê a propriedade privada e o livre mercado como as principais armas contra a coerção e a submissão. Nesse raciocínio, quem não tem propriedades ou renda fica vulnerável à coerção e ao abuso de poder. "A garantia de uma renda mínima para todos, ou uma espécie de piso abaixo do qual ninguém precisa descer, mesmo quando incapaz de se sustentar, parece constituir uma proteção perfeitamente legítima contra um risco comum a todos", afirmou o austríaco.

Também no Brasil o Bolsa Família nasceu graças a um economista liberal. Um grupo liderado por Ricardo Paes de Barros propôs em 2001, num texto chamado "Agenda perdida", a ideia de concentrar os gastos sociais do governo nos mais pobres. Quando essa ideia foi apresentada ao tucano José Serra, ele a rejeitou por considerá-la muito "de direita". Anos depois, o documento seria apresentado por Armínio Fraga a Antônio Palocci – e resultaria no Bolsa Família.

Outra petista que se incomodou com os primeiros programas de transferência de renda foi a economista Maria da Conceição Tavares. Quando leu um documento em que o governo Lula apresentava a ideia de programas focados como o Bolsa Família, Maria da Conceição ligou para a *Folha de S.Paulo* e soltou o verbo. "Quase tive um ataque quando li aquilo", disse ela. "Temos políticas universais há mais de trinta anos. Somos o único país da América Latina que tem políticas universais. A focalização foi experimentada e empurrada pelo Banco Mundial na goela de todos os países e deu uma cagada. Não funciona nada."[9]

Como uma ideia liberal pode ter se transformado na principal bandeira da esquerda? A história ganha coerência se voltarmos trinta anos na história. Nos anos 1980, com o Muro de Berlim ainda em pé, os militantes da esquerda defendiam reformas estruturais – luta de classes, reforma agrária, fazendas de produção coletiva. Já os conservadores diziam que o avanço do capitalismo livre das unhas do governo era o melhor sistema para os pobres a longo prazo. O que fazer com a miséria no curto prazo? Criar programas focados em atenuar a pobreza.

O economista Milton Friedman não só formulou os programas de transferência de renda, como também previu, em 1962, o risco de sua ideia enfraquecer as instituições dos países. "A principal desvantagem do imposto de renda negativo, proposto acima, são suas implicações políticas", escreveu ele em *Capitalismo e liberdade*.

# MILTON FRIEDMAN E O PONTO FRACO DO BOLSA FAMÍLIA

"Na realidade, a proposta estabelece um sistema em que serão pagos impostos por alguns para subvencionar outros. E esses outros presumivelmente têm o poder de voto. Há sempre o perigo de se estabelecer a seguinte situação: em vez de termos um arranjo em que a grande maioria vote a favor de impostos que incidam sobre ela própria, a fim de ajudar uma minoria necessitada, poderemos vir a ter um em que uma maioria imponha impostos, para seu próprio benefício, a uma minoria contrariada. [...] Não vejo nenhuma solução para esse problema — a não ser que confiemos na boa vontade e no autocontrole do eleitorado."

Além disso, programas de transferência de renda se baseiam na privatização do serviço público. Trata-se de dar dinheiro aos pobres com a menor burocracia possível. Em vez de construir uma estatal do arroz e feijão que desviaria verbas para o partido, ou uma grande padaria dirigida por indicados do Zé Dirceu, o governo simplesmente repassa o dinheiro para o camarada comprar biscoito Nestlé no Carrefour. Ou bolacha Mabel na venda.

Não é à toa que os programas de transferência de renda vieram à tona logo depois da queda do Muro de Berlim, em 1989, quando ficou démodé falar de revolução internacional. A expressão "redução da pobreza" ganhou as passarelas, enquanto "revolução do proletariado" ficou encostada no armário. Na América Latina, dezessete países criaram programas desse tipo entre 1990 e 2010.

Mas há um precursor dos programas de transferência de renda que é geralmente esquecido. Trata-se do neoliberal Chile. De acordo com um artigo da *New Left Review*, o Subsídio Único Familiar, implantado em 1981 pelo governo chileno, dava dinheiro a mães pobres que mantivessem os filhos na escola.[10] Sim, o primeiro programa latino-americano de transferência de renda foi implantado pelo ditador Augusto Pinochet.

# EM DEFESA
# DOS INIMIGOS
# IMAGINÁRIOS

**Uma coisa que os políticos fazem muito bem é culpar os outros por problemas que eles próprios criaram.**

Em 1990, quando o Plano Collor se revelava um fiasco e a inflação voltava aos jornais, a Polícia Federal prendeu gerentes e donos de supermercados por reajustarem os preços. Era uma atitude alucinada, pois a inflação é um problema de desvalorização da moeda e os mercados apenas repassavam um reajuste que vinha dos fornecedores. Mas a população se sentia vingada. Oitenta e quatro por cento dos brasileiros apoiaram as prisões.[1]

Nove anos depois, quando o dólar passou de 1,32 real para 2,16 reais em dois meses, o governo Fernando Henrique explicou que o Real derreteu porque foi "vítima de ataques especulativos". O governo, na verdade, havia mantido a moeda artificialmente valorizada até ter de abandonar o câmbio fixo. Mas muita gente comprou a ideia de que inescrupulosos e insanos especuladores haviam desferido um golpe contra a economia brasileira.

Basta algo sair da linha para o nobre presidente apontar o dedo para algum inimigo imaginário: a elite que vive de renda, os atravessadores, os banqueiros, os especuladores. Os ricos são o bode expiatório preferido, mas também é comum culpar gente modesta – os clandestinos, os comerciantes ilegais, os cambistas – pelos problemas da economia cotidiana.

Por isso me incumbi da missão de defendê-los todos. Cambistas, especuladores, clandestinos e banqueiros não são Madres Teresas, é verdade. Mas tampouco são agentes de Satã, como costumam ser retratados. Geralmente respondem a incentivos ruins que os políticos criaram e muitas vezes praticam ações que, prometo a você, tornam o mundo um lugar melhor.

# ESPECULAR É ESPETACULAR

Ninguém mais se chama de "especulador financeiro" hoje em dia. Quem é do ramo prefere termos menos controversos: *trader*, analista ou estrategista. É uma pena, pois "especulação" é a palavra mais precisa para denominar a atividade. Especular é "estudar com atenção, detalhadamente, do ponto de vista teórico" o mundo financeiro. Se eu trabalhasse com investimentos, faria questão de ser chamado pelo nome real. Analista coisa nenhuma. Sou é especulador.

Não há nada de errado na profissão. Quem economiza parte do salário espera que o dinheiro seja protegido contra a desvalorização da moeda, e que tenha um bom rendimento no fim do mês. Para isso, contrata especialistas que se dedicam a procurar bons investimentos, estudar a saúde das empresas e dos países que emitem títulos de dívida, os perigos e as oportunidades de ações e moedas. Ninguém é coagido ou obrigado a aceitar as propostas dos especuladores. Pelo contrário, eles não fazem nada além de propor ou aceitar ofertas e comprar papéis que já estavam à venda.

Uma regra básica do mundo financeiro é que rendimentos altos envolvem riscos equivalentes. Quem tem reputação de mau pagador e precisa de empréstimo tem que pagar juros turbinados para compensar o risco dos credores. Se não houvesse especuladores para aceitar o risco de comprar papéis suspeitos, muitas empresas e países quebrariam – entre eles o Brasil, que já deu calote nove vezes em sua história. Outras empresas nem existiriam, pois ninguém correria o risco de investir em negócios iniciantes.

Uma acusação frequente contra os especuladores é que eles criam bolhas financeiras. Verdade. A expectativa de comprar um bem e depois vendê-lo mais caro costuma gerar euforia e preços que passam muito longe da racionalidade. Quando não há mais pessoas dispostas a especular, os preços despencam. Mas são os próprios especuladores os mais prejudicados pelo estouro das bolhas. Veem suas ações virarem papel velho sem valor. Para quem não se envolveu no esquema, nem sempre o legado da euforia especulativa é negativo. A bolha da internet, entre 1997 e 2000, bancou toda a rede de fibra óptica dos Estados Unidos. Durante a *railway mania*, bolha ferroviária da Inglaterra em 1845, tanta gente queria investir em estradas de ferro que foram construídos 11 mil quilômetros de linhas, um número relevante ainda hoje (a extensão atual do sistema ferroviário inglês é de 16 mil quilômetros).

O termo "ataque especulativo" se difundiu nos anos 1990. Na época, diversos países insistiam em fixar o preço de suas moedas em relação ao dólar. Faziam isso de um jeito não muito sustentável.

Primeiro, o banco central acumula uma reserva gigantesca de dólares. Depois, fixa um teto para a moeda americana – vamos supor 1,50 em moeda nacional. Se o dólar negociado no mercado ultrapassa tal valor, o governo realiza uma venda imensa de dólares a 1,50, mantendo o preço da moeda. O problema é que isso só funciona enquanto o governo tem dólares para vender. Quando as reservas estão prestes a acabar, os investidores preveem que o governo não será mais capaz de segurar o preço do dólar. Circulam rumores sobre o abandono do câmbio fixo. Milhares de pessoas decidem comprar dólares para se proteger, pressionando ainda mais o banco central e tornando o rumor realidade. De um dia para outro, a moeda local perde metade do valor. Foi assim na Inglaterra em 1992, no México em 1994, na Tailândia em 1997 e no Brasil durante a "maxidesvalorização do real", em 1999.

Os especuladores mais espertos aproveitam a teimosia do governo para apostar contra ele. Pouco antes da desvalorização, emprestam dinheiro na moeda local e compram dólar, esperando que ele se valorize. Depois que isso acontece, vendem parte dos dólares para pagar o empréstimo em moeda local e embolsam o resto. Não é a atitude mais nobre que uma pessoa pode ter, mas faz parte do jogo. Os bancos centrais criaram as regras, convidaram os jogadores para se sentar à mesa e blefaram. Os especuladores entraram com o grito de truco.

Além dos especuladores, outro inimigo imaginário comum são os rentistas. Economistas e palpiteiros de esquerda têm dito que as pessoas que vivem da renda de suas economias pressionam o governo para aumentar a taxa de juros, a fim de que seu dinheiro cresça com mais rapidez. O ex-ministro da Fazenda Luiz Carlos Bresser-Pereira, por exemplo, afirmou numa entrevista de 2015 que era urgente firmar um pacto nacional contra "os capitalistas rentistas, os financistas que administram seus negócios, os 80% dos economistas pagos pelo setor financeiro e os estrangeiros".

O solteirão que vive da renda da herança do pai não é um grande herói do capitalismo, é verdade. O rapaz poderia fazer melhor, mas não chega a prejudicar alguém. Não é crime ganhar uma herança e deixá-la intocada na poupança. Pelo contrário, um dos problemas do Brasil é justamente o baixo nível da poupança doméstica (o dinheiro que não é gasto em consumo e serve a investimentos). Ao contrário do que o ex-presidente Lula costuma afirmar, o dinheiro que alguém investe não fica "parado no banco".[2] É usado para financiar aplicações de fábricas, construção de estradas, metrôs, enfim, para aumentar a oferta de bens. Sem o rentista e o especulador, tudo isso ficaria ameaçado.

# O CAMBISTA É UM CARA DO BEM

O cambista equivale ao especulador financeiro na economia popular. Ele adquire títulos (ingressos de shows ou de partidas de futebol) à espera de que os pedaços de papel se valorizem no futuro.

Um punhado de leis brasileiras enquadra os cambistas como criminosos. O Estatuto do Torcedor estipula prisão de um a dois anos para quem "vender ingressos de evento esportivo por preço superior ao estampado no bilhete" e de até quatro anos para quem "fornecer, desviar ou facilitar a distribuição de ingressos para venda por preço superior ao estampado no bilhete". Outra legislação diz que a revenda de ingressos é "crime contra a economia popular".

Dá para entender a perseguição e o ressentimento. O sujeito vai ao estádio achando que pagará 40 reais pelo ingresso da semifinal da Libertadores. Chega lá e fica sabendo que os ingressos, ah que novidade!, estão esgotados. A única opção é aceitar a oferta nada camarada daqueles caras ali na frente. Eles têm coragem de vender por 200 reais um ingresso que tem impresso o valor de 40 reais. Baita sacanagem. Extorsão pura. Ninguém personifica tão bem quanto os cambistas o mal do capitalismo, a sede de lucro, a extorsão que só é possível num mundo dirigido pelo dinheiro etc. e tal.

Mas veja por outro lado. O ingresso do jogo, na verdade, não custava 40 reais. Esse preço era uma fantasia criada por políticos, que ganharam votos prometendo ingressos baratos para todos. Mas o que define o preço é a oferta e a procura, não a vontade de um planejador social benevolente. A lei da oferta e da procura é mais poderosa que as leis de papel. No mundo real, preços variam conforme as preferências e a disposição das pessoas. Se muita gente procura um lugar no estádio, o preço vai subir mesmo que o ditador mais poderoso do mundo proíba esse aumento.

Quando o preço de uma partida de futebol é fixo, os torcedores mais interessados em assistir ao jogo não têm garantia de que conseguirão o ingresso. Muitas pessoas compram antes – entre elas, várias que não faziam tanta questão de assistir à partida, mas compraram o ingresso porque estava barato.

O cambista resolve esse problema distribuindo os ingressos de forma mais eficiente. Faz o que os economistas chamam de racionamento pelo preço. Ele garante que as pessoas dispostas a pagar mais consigam um ingresso. E possibilita que quem já tem um ingresso, mas não está muito a fim de assistir ao jogo, possa ganhar um dinheiro com a venda. Esse raciocínio não é parte de nenhuma teoria econômica radical. "Ao cobrar o maior preço que o mercado aceita, os cambistas ajudam a assegurar que os consumidores com maior disposição para pagar obtenham o bem", diz o professor Gregory Mankiw.[3]

Muita gente reclama que o racionamento pelo preço beneficia os ricos. No entanto, como escreve o economista Walter Block, é difícil achar um meio mais justo de distribuir os ingressos.[4] Um método de discriminação adotado com frequência é o "quem chegar primeiro leva". Quem tiver tempo livre para acampar na fila da bilheteria leva os ingressos – e quem precisa cuidar dos filhos ou trabalhar às 9 horas da manhã fica sem lugar no estádio. Outra forma é o critério étnico. Na África do Sul durante o apartheid, só brancos poderiam comprar ingressos. Hoje, muita gente defenderia a preferência aos negros nos ingressos dos jogos de futebol ou nos eventos das Olimpíadas. O racionamento pelo preço gera uma tensão social menor.

A Copa do Mundo usa o método do sorteio simples. As pessoas se inscrevem numa lista oficial e torcem para ganhar o direito de comprar ingressos. O problema é que o sorteio não garante que os ingressos fiquem com quem mais quer assistir a uma ou outra partida. Na Copa de 2014, muitos sorteados perceberam que até gostariam de ver uma semifinal da Copa, mas preferiam revender o ingresso, embolsar 600 reais e assistir ao jogo pela TV. O sorteio não evitou o mercado paralelo.

O culpado pelo preço alto não é o cambista, mas as pessoas com o mesmo desejo de adquirir um bem. O cambista, como qualquer agente do mercado, não tem nenhum poder sobre o preço. Assim como especuladores financeiros que apostam errado, os cambistas têm prejuízo se poucas pessoas se animarem a pagar por um show ou uma partida. Acabam vendendo o ingresso abaixo do preço que compraram. No festival de música Lollapalooza de 2015, o preço oficial era de 340 reais e com meia-entrada, 170, mas os cambistas vendiam por muito menos. No Sónar SP, de 2012, eles vendiam por 80 reais ingressos que na bilheteria oficial custavam 230 reais.[5] Há ainda um benefício adicional – muito parecido com os dos especuladores. Ao comprar lotes de ingressos, os cambistas assumem o risco pelo produtor do evento e garantem que a atração não seja cancelada por baixa procura.

Perseguir os cambistas só serve para gastar o tempo da polícia e causar confusão. Pior: a repressão aumenta o lucro dos cambistas que continuam no mercado. Por causa da perseguição, menos pessoas se dispõem ao negócio. Os poucos que sobram enfrentam menor concorrência, portanto podem cobrar mais pelos ingressos.

A solução para os cambistas não é a repressão, e sim o preço livre. Quando o preço dos ingressos for liberado, a venda será similar à de passagens de avião. O mercado de eventos é muito parecido com o de transporte aéreo: nos dois, há um número limitado de assentos para gente demais querendo sentar-se numa determinada hora. Nos sites das companhias aéreas, o cambismo é automático. Um algoritmo ajusta o valor da passagem de acordo com os lugares que ainda restam. É uma espécie de robô da oferta e da procura. A possibilidade de lucrar mais e mais faz as companhias aéreas aumentarem o número de voos. De repente, há poltronas demais no avião sem tanta gente querendo sentar-se nelas. E o consumidor descobre que pode comprar passagens aéreas por 49 reais em dez vezes no cartão.

# OS CLANDESTINOS SÃO HERÓIS DO LIVRE MERCADO

Na apaixonada ode ao lucro do primeiro capítulo deste livro, eu disse que a livre concorrência é uma grande conspiração para reduzir a quase zero o lucro dos produtores. Quem inventa um modelo de negócio começa com uma margem confortável de lucro, mas então aparece um concorrente para acabar com a festa, e outro com uma ideia inovadora, e mais outro com um preço menor... até as margens ficarem tão minúsculas que o negócio deixa de valer a pena para novos concorrentes.

Participar desse campeonato eterno de inovação e barateamento dá trabalho. É preciso ficar atento a qualquer movimentação da concorrência, investir em pesquisa, marketing e modos mais baratos de fabricação. Não dá para dormir tranquilo: a qualquer momento, em algum recanto do mundo, algum Steve Jobs vai inventar um produto novo e iniciar uma destruição criativa. O paraíso de todo empresário seria um mundo sem concorrentes.

E eles sabem muito bem disso. Em qualquer país e em qualquer época, empresários estabelecidos num setor tentam deixar concorrentes de fora. Essa é outra charada que Adam Smith resolveu para nós há mais de duzentos anos. "As pessoas envolvidas na mesma atividade raramente se encontram entre si, mesmo para confraternização e diversão, mas [quando isso acontece] a conversa termina numa conspiração contra o público ou em alguma manobra para fazer subir os preços", escreveu ele.

O jeito mais comum de conspirar contra o público é por meio de *rent-seeking*: pedindo um privilégio ou uma ajudinha do governo para deixar os concorrentes fora do páreo. Impostos de importação tiram estrangeiros do mercado; licenças, alvarás e diplomas permitem que só quem os detenha possa atuar com segurança jurídica; regulações prejudicam mais os pequenos que os grandes empresários. Com os concorrentes fora do mercado, não é preciso mais inovar. Ninguém gasta muito tempo tentando diminuir os custos e aumentar as margens de lucro. Não há motivo para fazer propaganda. Quem está dentro do negócio se dá bem, mas o consumidor fica sem escolha.

Por sorte, há um grupo de pessoas que age para furar esse esquema e garantir o direito de escolha do consumidor. São os bravos homens que operam o comércio ilegal, os cavaleiros alados do sistema clandestino, os super-heróis do mercado negro.

É exagero chamar empresários ilegais de super-heróis? O.k., talvez seja, mas nem tanto. Eles furam bloqueios e postos de fronteira para oferecer computadores, remédios, roupas e brinquedos sem as abusivas taxas de importação impostas pelos governos. Passam madrugadas em barracas de rua para salvar a vida de quem procura comida quando os restaurantes e padarias já fecharam. Perueiros dão alternativa a quem não acredita mais no transporte público. Motoristas do Uber abrem as portas da esperança para quem desistiu de reclamar dos táxis. E, quando a primeira gota de chuva aparece, os ambulantes brotam na saída do terminal de ônibus, prontos para salvar os desprevenidos que não levaram guarda-chuva. Sim, os clandestinos são heróis.

De camelô em camelô, forma-se um gigante. O mercado negro movimenta mais de 10 trilhões de dólares em todo o mundo. Se fosse um país, teria a terceira maior economia do mundo. A informação é do jornalista Robert Neuwirth, que passou quatro anos estudando o mercado negro na América Latina, na África e na Ásia e escreveu o livro *Stealth of Nations* (Disfarce das nações, um trocadilho com o *Wealth of Nations*, de Adam Smith).

No Brasil, o mercado informal fez circular 834 bilhões de reais em 2014 – quase o mesmo que toda a economia da Colômbia (que é a terceira maior da América do Sul). O contrabando do Paraguai para o Brasil já representa 15% do PIB do país da Larissa Riquelme.[6] Em São Paulo, cerca de 8 mil camelôs faturam algo em torno de 17 bilhões de reais por ano.[7] Segundo o Datafolha, um em cada três brasileiros admite ter comprado contrabando. Os outros dois devem ter ficado com vergonha de admitir.

Por que o mercado negro é tão grande no Brasil? Há quem culpe a cultura brasileira, que seria pouco afeita a obedecer às leis. Não acredito nisso. Talvez o brasileiro não respeite as regras porque as regras não o respeitam. Se o governo estabelece impostos altos demais sobre produtos que as pessoas querem ou necessitam, é de imaginar que elas vão ultrapassar barreiras e dar um jeito de comprar sem impostos. Se uma lei reserva a só uma classe o direito de explorar um negócio, esse grupo provavelmente se deixará levar pela displicência e, em pouco tempo, um clandestino vai tentar ganhar dinheiro oferecendo um serviço melhor. "O mercado negro é uma forma de se livrar dos controles do governo", dizia o economista Milton Friedman. "É claro que seria bom se todos obedecessem à lei. O fato de o mercado negro desobedecer à lei é um ponto contra ele. Mas isso só acontece porque existem leis ruins."

Se a lei azucrina demais, os cidadãos vão desobedecê-la, sejam eles brasileiros ou britânicos. Até o século 19, a Inglaterra era conhecida como o país das negociatas e dos contrabandistas. Tudo por causa dos impostos de importação. Para proteger os fazendeiros ingleses contra a concorrência estrangeira, as *Corn Laws* (Leis dos Grãos), que vigoraram entre 1815 e 1846, impunham tarifas e restrições sobre os alimentos. O imposto sobre o chá aumentava o preço em 70% – por isso quatro quintos do chá consumido pelos ingleses vinham do mercado ilegal. Bastou o país abaixar impostos e abolir restrições ao comércio internacional para que os ingleses abandonassem o jeitinho brasileiro.

Os informais e clandestinos também nos salvam da ineficiência dos monopólios impostos pelo governo. O transporte urbano é o melhor exemplo. É um dos setores mais regulados da economia – quem inaugurar uma linha de ônibus privada corre o risco de aparecer algemado na TV como um criminoso. Apesar disso, são esses fora da lei que, por todo o Brasil, oferecem alternativa aos pobres contra a displicência das empresas licenciadas. Em São Paulo ou no Rio de Janeiro, empresas sem documentação levam passageiros para o Nordeste por 60% menos que os ônibus oficiais.[8] A cidade do Rio de Janeiro tinha, em 2014, mais de 12 mil lotações sem licença. Se conseguem passageiros, é porque oferecem a eles alguma vantagem em relação aos ônibus licenciados.

Em Campina Grande, na Paraíba, o sistema clandestino é ágil, diversificado, barato e organizado. Antes das 7 da manhã, no bairro das Malvinas, o maior da cidade, mototaxistas já estão prontos e uniformizados, à espera de passageiros a caminho para o trabalho. Pontos oferecem de sofás, televisão e rádio a água filtrada para os mototaxistas, que dividem o aluguel do local. O preço das corridas é padrão: até o centro da cidade são 6 reais; lugares mais distantes, 7.

Nos lotações, há uma regra não escrita entre passageiros e motoristas. Perto do ponto de ônibus, carros de passeio piscam o farol para os passageiros. Quem está interessado acena para os carros, que encostam para recebê-los. No centro, ao lado da catedral de Campina Grande, há um terminal de carros alternativos. Quem passa por ali é abordado por uma senhora uniformizada, que conduz os passageiros até o veículo correto. O preço é o mesmo dos ônibus oficiais, mas não dá direito ao sistema integrado, que permite pegar mais de um ônibus pagando por apenas um. Mesmo assim, há na cidade cerca de duzentos lotações, o mesmo número de ônibus licenciados.

O mercado informal é muitas vezes a única possibilidade de empreendedorismo para os pobres. Um jovem motorista do Uber dificilmente teria 200 mil reais para comprar um alvará de táxi em São Paulo. Se um empresário não tem capital ou crédito para contratar funcionários e abrir um restaurante que cumpra todas as exigências sanitárias, pode começar com uma barraca na esquina. O Black Dog, em São Paulo, o Au-au, de Curitiba, e muitas outras redes de cachorro-quente no país começaram como barracas de rua ilegais.

Quem se opõe ao mercado subterrâneo tem alguns bons argumentos. Dizem que clandestinos e contrabandistas agem como *free riders* (caroneiros): se beneficiam dos bens coletivos sem precisar contribuir para eles por meio de impostos. Se sonegadores ficarem impunes, todos sonegarão, e não haverá dinheiro para bancar as funções do Estado (o que, para muita gente, é uma má notícia). Há ainda o problema das regras urbanísticas. Se todos puderem vender no calçadão de Copacabana, não haverá motivo para pagar aluguel de uma loja. Todos os comerciantes abrirão barracas na calçada, tornando impossível correr ou pedalar pela praia. Para o Instituto Brasileiro de Ética Concorrencial, quem compra no mercado negro ainda patrocina o crime organizado e a corrupção de fiscais e policiais.

Mas a solução para esses problemas não é reprimir os clandestinos. Como no caso dos cambistas, a repressão só torna o negócio mais rentável para aqueles que permanecem no mercado. Se a polícia apreende um enorme carregamento de brinquedos importados, a oferta de brinquedos no mercado negro diminui e o preço aumenta. Com o preço em alta, mais gente se dispõe a contrabandear brinquedos e a furar a fiscalização da Receita Federal. E assim a roda gira.

Como ensina a Inglaterra do século 19, a solução para acabar com contrabandistas e clandestinos é facilitar sua legalização – reduzir regras, regulamentações, impostos, alíquotas de importação, necessidade de licenças, alvarás, certificados e diplomas. Não é o comerciante informal quem cria a corrupção de fiscais e outros funcionários públicos. O governo é que dificulta tanto a legalidade que acaba criando um mercado de venda de favores. "O ponto-chave é achar uma vantagem comparativa em ser formal", diz o jornalista Robert Neuwirth.

# NÃO DÁ PRA VIVER SEM OS BANQUEIROS

Imagine se, num belo dia, todos os banqueiros do Brasil se reunissem, convocassem uma entrevista coletiva e anunciassem que vão fechar suas empresas. "Cansamos de ouvir as pessoas reclamando dos banqueiros", diria o representante deles. "Acabamos nos convencendo de que estão certas. Fazemos mal ao mundo, por isso decidimos encerrar as nossas atividades."

Uma decisão como essa seria uma catástrofe. O problema mais básico que os brasileiros enfrentariam seria onde guardar suas economias. Embaixo da cama é uma opção, mas atrairia ladrões – parte do dinheiro teria que ser usada na segurança da casa. Depois, seria preciso arranjar um jeito de proteger o dinheiro contra a inflação. Uma saída seria emprestar a alguém em troca de juros, mas para quem? Todos os brasileiros com alguma economia teriam de exercer a agiotagem, e dedicar um bom tempo oferecendo empréstimos, avaliando propostas, tentando descobrir se cada pessoa é uma boa pagadora de dívidas. Em caso de calote, o cidadão teria de ir atrás do devedor pessoalmente, ou, se a agiotagem fosse legalizada, entrar na Justiça para reaver o dinheiro. Não demoraria para alguém ter a ideia de se especializar no serviço de armazenagem e em fazer o meio de campo entre tomadores e concessores de empréstimos. Ou seja: mesmo que todos os banqueiros do país fossem assassinados ou se aposentassem, novos banqueiros apareceriam no dia seguinte. Ainda bem, pois não conseguiríamos viver sem eles.

"Mas e o spread bancário?", alguém deve perguntar. É verdade, os bancos brasileiros cobram os juros mais altos do mundo. Captam dinheiro a 1% ao mês e emprestam no cheque especial a 1% ao dia. Mas há ressalvas. O cheque especial tem os juros que mais saltam aos olhos, mas é uma pequena parte de todo o dinheiro emprestado no Brasil. Na média, o spread (a diferença entre os juros que os bancos pagam para obter dinheiro e o que cobram para emprestá-lo) fica em torno de vinte pontos percentuais ao ano.[9]

Os bancos dizem que abusam nos juros porque a taxa de inadimplência abusa deles, e porque o governo protege demais os inadimplentes. No Brasil, uma pessoa que precisa de empréstimo não pode dar a própria casa como garantia (a lei proíbe a penhora do único imóvel das famílias). Se o cliente não pagar a dívida, o banco não sabe quando vai conseguir reaver o dinheiro, se é que um dia conseguirá. Sempre há um juiz que, pensando que está ajudando os pobres, evita ou adia a penhora de bens dos devedores.

Isso explica parte do spread, mas não todo. O preço do dinheiro é alto também porque a demanda por empréstimos é bem maior que a oferta. Há muita gente interessada em pedir um empréstimo e pouco dinheiro disponível. Quer dizer, pouco não é – em maio de 2015 o volume de crédito no Brasil era de 3 trilhões de reais. Nos anos 2000, o crédito subiu bastante em relação ao tamanho da economia: passou de 23,8%, em 2002, para 54%, em 2015. Mesmo assim, é uma quantidade pequena comparada a outros países. Na Inglaterra, o crédito é de 141% do PIB; nos Estados Unidos, 195%.[10]

Quase todos os governos exigem que os bancos evitem emprestar (ou seja, que mantenham em caixa) uma parte do dinheiro depositado pelos clientes. Na maioria dos países, a fração dos depósitos que precisa ficar como reserva do banco gira em torno de 5%. No Brasil, o Banco Central exigia reservas de até 45% para depósitos à vista (aquele dinheiro que fica parado na conta corrente). Essa exigência diminuía ainda mais a quantidade de dinheiro disponível para empréstimos no país. Em 2018, o depósito compulsório caiu para 20%, mas ainda ficou acima da média internacional. Com pouca oferta e muita procura, o preço do dinheiro sobe.

Quem não gosta de banqueiros usa também o argumento da crise de 2008. Como defender os banqueiros depois da maior crise financeira de todos os tempos? A principal causa do colapso de 2008 foi, justamente, a alavancagem alta demais – os bancos emprestavam muito mais do que possuíam. Aqui é preciso entender os incentivos que executivos e administradores possuíam. Nos Estados Unidos, os bancos operam dentro do princípio de responsabilidade limitada. Se o banco quebrar ou descuidar das economias dos correntistas, o governo pode penhorar as ações dos diretores do banco, mas não os seus bens pessoais. Assim fica fácil assumir riscos. Se der certo, os diretores ganham bônus polpudos no fim do ano. Se der errado, não perdem nada ou perdem pouco. No Brasil, desde 1997, a responsabilidade é ilimitada: os diretores e acionistas controladores podem ter os bens penhorados se errarem a mão. Até a crise de 2008, a lei brasileira era considerada arcaica, como conta o economista Gustavo Franco, presidente do Banco Central entre 1997 e 1999:

> Os reguladores americanos sempre nos diziam que nosso sistema, por conta disso, era meio primitivo. 'Como vocês arrumam gente para ser diretor de banco se o sujeito tem que colocar todo o seu patrimônio em risco', perguntavam, na brincadeira. Nós provocávamos de volta: 'Se ninguém seria diretor de banco nos Estados Unidos caso não houvesse limitação de responsabilidade, deve haver muita coisa errada que vocês não estão vendo'.[11]

Defendi acima os banqueiros e os clandestinos, mas seria possível defender os agiotas, que são banqueiros clandestinos? Difícil gostar de quem ameaça ou violenta pessoas que não pagam dívidas, mas pelo menos é possível entender por que os agiotas são tão violentos.

Nas conversas sobre problemas urbanos, o bode expiatório preferido é o especulador imobiliário. Atribui-se a ele tudo de ruim que acontece na cidade: o trânsito, a alta dos preços dos imóveis, a demolição de casas antigas e até a expulsão dos pobres para as periferias.

É verdade que, num primeiro momento, o especulador imobiliário eleva o preço das casas. Se muita gente compra imóveis na esperança de vendê-los mais caros no futuro, os preços sobem, levando mais especuladores a adquirir imóveis, aumentando os preços ainda mais. As famílias que tentam realizar o sonho da casa própria terão de competir com os especuladores na busca por apartamentos.

# O ESPECULADOR IMOBILIÁRIO MELHORA AS CIDADES

Mas esse não é o único efeito da especulação. Enquanto esperam o preço subir, os investidores, pelo menos a maioria deles, oferecem os imóveis para alugar. Com uma oferta maior, o preço do aluguel é pressionado para baixo. Mantendo as outras variáveis constantes, chega um ponto em que não vale a pena comprar casas, porque o aluguel está barato demais. As pessoas param de comprar casas, o preço começa a cair e os especuladores perdem. Por essas e outras, especular com imóveis nem sempre é um bom negócio. Especuladores até têm lucro em épocas de alta, mas no longo prazo imóveis não costumam render muito mais que a renda fixa.

A ironia é que o arquiteto descalço, que luta contra as incorporadoras imobiliárias e não suporta arranha-céus, beneficia o especulador. Ao dificultarem a construção de prédios, eles impedem que a oferta de imóveis aumente. Criam uma escassez artificial de espaço, prevenindo a queda dos preços dos apartamentos. É tudo o que o especulador imobiliário mais deseja.

À primeira vista, parece absurdo: por que um empresário é violento com seus próprios clientes? Se o agiota matar ou espancar um devedor inadimplente, essa atitude pode gerar repercussão. Outros potenciais clientes evitariam fazer negócios com o agiota violento, preferindo um concorrente mais tranquilo. Mas como a agiotagem é crime no Brasil (a lei prevê até dois anos de cadeia), não há um balcão em que os empresários do setor anunciam suas qualidades e criticam os concorrentes. Difícil conhecer um, quanto mais dois agiotas. De sua parte, o agiota não pode reclamar na Justiça a penhora dos bens do devedor ou alguma forma de reaver o dinheiro. Não há uma terceira parte para moderar o conflito e fazer valer o que foi combinado. "Quando os tribunais se recusam a obrigar os devedores a pagarem suas justas dívidas e proíbem o empréstimo de dinheiro a altas taxas de juros, entra o submundo", diz o economista Walter Block. Na ilegalidade, a única forma de resolver a questão é com as próprias mãos.

Cambistas, especuladores, banqueiros e agiotas – todos esses inimigos imaginários cometem abusos e tentam lucrar o máximo possível dos clientes. Mas gritar contra eles ou proibir seus excessos adianta muito pouco – e muitas vezes os beneficia. É a concorrência, e não as críticas moralistas de intelectuais, que pode detê-los.

# O MITO DO TRABALHO ESCRAVO

Quem acompanha os jornais pode ficar espantado com algumas notícias do mercado de trabalho no Brasil. Quase toda semana uma empresa é denunciada pelo Ministério do Trabalho por manter trabalhadores em regime de escravidão. Entre elas, há grifes de roupas, fazendeiros que ocupam cargos políticos e grandes construtoras. Segundo o governo federal, 10 mil brasileiros foram libertados do trabalho escravo em quatro anos. Diante de um número tão alto, muita gente se entristece ou se revolta ao imaginar os milhares de empregados vivendo como antes da Lei Áurea, sem liberdade para abandonar o emprego, submetidos à vontade de exploradores cruéis, trabalhando acorrentados ou vigiados por guardas armados. Como é possível tanto horror perante os céus?

Mas tem um detalhe: não é trabalho escravo de verdade. A grande maioria das denúncias não tem nada do que o povo, a Organização Internacional do Trabalho (OIT) ou as leis da maioria dos países entendem por escravidão. Não há pessoas acorrentadas, ameaçadas, trabalhando para pagar uma dívida com os patrões ou para recuperar um documento. Quase todos os empresários e fazendeiros acusados de manter trabalhadores em regime "análogo ao de escravidão" são inocentados na Justiça criminal, pois os juízes entendem que não houve crime contra a pessoa. Os trabalhadores "libertados" da escravidão geralmente acham estranho serem considerados escravos. Precisam ser convencidos pelos fiscais a deixar o emprego, e muitas vezes voltam a trabalhos semelhantes meses depois. Entre os trabalhadores que os fiscais consideram escravos há empregados com carteira assinada, com direito a férias e plano de saúde, que recebem horas extras e têm salários de 5 mil reais por mês.

Compare, por exemplo, estes dois casos:

1. Em julho de 2015, dezoito imigrantes peruanos se apresentaram à delegacia, contando terem fugido de uma ofi-

cina de costura da zona leste de São Paulo. Trabalhavam dezessete horas por dia e ganhavam menos de seiscentos reais por mês; um vigia os impedia de sair da oficina. A delegada enquadrou o dono da oficina por manter trabalhadores em regime de escravidão.

2. Um auditor do Ministério do Trabalho inspecionou obras de mineração da empresa Milplan Engenharia em Minas Gerais. Motoristas contaram ao fiscal que tinham carteira assinada, férias, 13º salário e que, entre uma carga e outra, tiravam um cochilo. Como ganhavam dobrado pelas horas extras, trabalhavam em média doze horas por dia. No fim do ano, a empresa liberou os trabalhadores para um recesso remunerado, entre 20 de dezembro e 5 de janeiro de 2014. Os motoristas que optaram por continuar trabalhando nesse período ganharam em dobro por todas as horas de trabalho. Por isso, a maioria deles tirou folga apenas nos dias 25 de dezembro e 1º de janeiro. Como prêmios por produtividade, a empresa ainda sorteava celulares, televisores, caixas de bombom e fornos micro-ondas. Devido ao excesso de horas extras, o auditor denunciou a Milplan por manter trabalhadores em regime de escravidão.

No primeiro caso, o crime atenta contra a liberdade individual: as pessoas foram submetidas a um trabalho contra a própria vontade. O segundo exemplo certamente não é o melhor emprego do mundo, mas não houve crime contra a pessoa, apenas irregularidades trabalhistas. Ainda que a conduta dos acusados tenha sido obviamente diferente, os dois vão responder pelo mesmo crime, podem receber a mesma pena (dois a oito anos de cadeia) e figurar lado a lado na lista suja do trabalho escravo, que dificulta o acesso a contratos públicos e financiamentos.

# NÃO EXISTE "RESGATE" DE TRABALHADORES

O mito do "trabalho análogo à escravidão" vem sendo cultivado por auditores do trabalho, procuradores, jornalistas e ativistas bem-intencionados. De um lado, eles fazem questão de esclarecer que a servidão moderna se define por condições precárias de trabalho e tem pouco da escravidão tradicional. Do outro lado, porém, utilizam termos e imagens que só fazem sentido quando se referem à restrição da liberdade. "*Resgatados* onze trabalhadores escravos que atuavam em obra das Olimpíadas",[grifo meu][1] diz uma nota à imprensa do Ministério Público do Trabalho no Rio de Janeiro. "Fiscalização *liberta* mais de 10 mil trabalhadores em situação de escravidão em quatro anos", [grifo meu] diz página oficial do Palácio do Planalto.[2] No site da Repórter Brasil, a principal ONG sobre o tema, um artigo sobre jornada exaustiva é ilustrado por uma mão acorrentada. Ora, se a escravidão moderna não se baseia em correntes, e sim em condições degradantes, não seria o caso de abolir imagens e termos que se referem à restrição da liberdade?

Os termos "resgatar" e "libertar", das notícias sobre as operações de combate ao trabalho escravo, fazem o leitor acreditar que os trabalhadores eram mantidos em cativeiro, até que os cavaleiros alados do Ministério do Trabalho apareceram para romper os grilhões deles e devolvê-los à liberdade. Na maioria dos casos, não é nada disso.

Acompanhados da Polícia Federal e do Ministério Público, os auditores do Ministério do Trabalho pegam de surpresa os trabalhadores, que nunca se consideraram escravos (afinal saem do "cativeiro" diversas vezes ao dia). Sem ninguém pedir, os fiscais quebram contratos de trabalho, calculam multas enormes para as empresas e mandam os trabalhadores para hotéis ou de volta para a cidade de origem. "O primeiro contato com a vítima geralmente é de resistência. Ela não se enxerga como trabalhador forçado e se incomoda com o rótulo", diz Luiz Machado, coordenador do Programa de Combate ao Trabalho Forçado, da OIT. "Quando explicamos as violações dos direitos trabalhistas, eles ficam agradecidos, pois ganham pagamentos de direitos, seguro-desemprego especial para resgatados e prioridade na fila do Bolsa Família."

Mas quando a indenização acaba, os "escravos libertados" descobrem que os fiscais os transformaram em desempregados dependentes de programas assistenciais. Precisam começar tudo de novo e sair à procura de um emprego. Geralmente encontram trabalhos bem parecidos com aqueles dos quais foram "resgatados".

Os ativistas e oficiais envolvidos na questão não escondem esse problema. "O trabalhador volta para casa com três meses de seguro-desemprego no bolso, mais verbas rescisórias, mas assim que o dinheiro acaba, ele volta a migrar e acaba escravizado de novo", disse numa entrevista o fundador da ONG Repórter Brasil, Leonardo Sakamoto.[3]

O boliviano Luis Vásquez, há doze anos no Brasil, é uma espécie de líder informal da comunidade boliviana em São Paulo. Ele organiza a feira de rua dos imigrantes na zona leste de São Paulo e representa a comunidade no Conselho Participativo Municipal. Vásquez conhece bem os equívocos provocados pelas operações contra oficinas de costura que contratam bolivianos. "Parem de dizer que somos escravos", pede ele a todos os jornalistas que o entrevistam. "Ninguém por aqui acha que é escravo. Ninguém está sendo forçado a trabalhar." Segundo ele, depois das operações, a situação dos trabalhadores continua a mesma:

> Quando a Polícia Federal aparece, dá a impressão de que vai prender o Fernandinho Beira-Mar. Um monte de viaturas e policiais para prender o coitado do dono da oficina. Ele é multado por tudo o que você pode imaginar. Essa história tem levado muitos empreendedores à falência. Quando a polícia vai embora, os bolivianos vão para outras oficinas onde a condição é a mesma. É um show montado para dar notícia.

Ou seja: as ações não ajudam os trabalhadores a longo prazo e levam pequenas empresas à falência. Quem se sai bem na história são só os advogados, que embolsam um bom dinheiro defendendo as empresas e discutindo o que é e o que não é trabalho escravo.

# A DISCUSSÃO JURÍDICA

Quase todos os países seguem a definição de escravidão da Organização Internacional do Trabalho. A convenção 29 da OIT define o crime como "trabalho ou serviço executado por alguém sob ameaça de sanção ou para o qual a pessoa não se ofereceu espontaneamente". Nessa definição entram os casos em que a pessoa trabalha para pagar uma dívida com o patrão ou para resgatar documentos, é impedida por um segurança de sair da empresa ou trabalha num lugar remoto demais, como uma refinaria de petróleo, e o patrão se recusa a fornecer o transporte para que ela possa partir. Ficam de fora da definição o serviço militar, o serviço em penitenciárias e durante períodos de calamidade pública.

No Brasil, uma lei de 2003 mudou o Código Penal para adicionar mais dois critérios à definição da OIT – a jornada exaustiva e as condições degradantes. Parece um detalhe, mas a mudança juntou crimes diferentes no mesmo balaio e deu uma bela ampliada no conceito. Se antes ele era restrito ao trabalho contra a vontade, depois passou a incluir empregos para os quais a pessoa se ofereceu voluntariamente e que poderia abandonar quando deixasse de considerá-lo vantajoso. Das denúncias de trabalho análogo à escravidão que viram notícia, quase todas são desse tipo: serviços precários e exaustivos, aos quais as pessoas se submeteram por falta de alternativa.

A lei ainda criou o problema de decidir o que é "jornada exaustiva" e "condições degradantes". Para dar parâmetros mais precisos aos auditores, o Ministério do Trabalho publicou em 2011 uma instrução normativa, com recomendações de como caracterizar o delito. Mas a cartilha deixou a definição ainda mais frouxa. Estabeleceu que é trabalho escravo "toda jornada de trabalho de natureza física ou mental que, por sua extensão ou intensidade, cause esgotamento das capacidades corpóreas e produtivas da pessoa do trabalhador, ainda que transitória e temporalmente, acarretando, em consequência, riscos à sua segurança e/ou à sua saúde". Esgotamento temporário causado por uma jornada de trabalho de natureza mental? Todos os mestrandos, doutorandos, jornalistas e advogados que eu conheço passam por isso quando próximos a um prazo de entrega. E todos os pais de recém-nascidos sabem muito bem o que é esgotamento das capacidades corpóreas, ainda que temporariamente.

"É muita subjetividade e poder de decisão na mão do agente fiscalizador", diz Nelson Mannrich, professor de direito do trabalho da Universidade de São Paulo e presidente honorário da Academia Brasileira de Direito do Trabalho. "Com essa definição é muito fácil confundir o descumprimento de leis trabalhistas com o crime de trabalho escravo."

Com isso concordam tanto juízes e juristas quanto quem convive com os trabalhadores no dia a dia. A própria Organização Internacional do Trabalho, num relatório global de 2005, destaca que não se deve confundir uma coisa com a outra:

> O trabalho forçado não pode simplesmente ser equiparado a baixos salários ou a más condições de trabalho. Tampouco cobre situações de mera necessidade econômica, por exemplo, quando um trabalhador não tem condições de deixar um posto de trabalho devido à escassez, real ou suposta, de alternativas de emprego.[4]

Os protagonistas do combate ao trabalho degradante costumam dizer, em coro, que escravidão moderna não se define por restrição à liberdade e pouco tem da escravidão tradicional. Ou seja: devemos parar de acreditar que um crime é o que ele sempre foi. Seria interessante imaginar o mesmo raciocínio aplicado a outros crimes. Por exemplo, um homem que inveja demais o carro do vizinho poderia ser condenado por furto, pois "não se pode continuar adotando uma concepção caricatural do furto, como se todas as vítimas do crime tivessem algum bem subtraído". O autor de um pontapé que, no máximo, deixou a vítima com as nádegas vermelhas, poderia receber a sentença de homicídio – afinal, quem disse que é preciso haver mortes para que se configure um assassinato? "Esta caricatura tem levado um segmento doutrinário e jurisprudencial a entender que só há o crime de homicídio se a vítima morrer", explicaria um juiz em sua decisão.

É claro que há palavras mais precisas para definir empregos exaustivos com alojamentos precários. Trabalho degradante, por exemplo, resolveria a questão. Por que, então, os ativistas se agarram com tanta força ao termo "trabalho escravo"? Uma possível razão é que, como eles sabem, o termo causa um efeito sensacional, uma comoção no público. Gera mais notícias, atrai mais câmeras e holofotes, tem mais poder para convencer as empresas a agir de modo diferente.

A imprecisão da definição de trabalho escravo traz ainda o risco de corrupção. Hoje, boa parte dos auditores do trabalho são funcionários obstinados, mas no futuro poderão aparecer fiscais corruptos que extorquem donos de empresas para não as denunciar como escravistas. Alguns sinais de corrupção já estão surgindo. Por exemplo, o auditor do trabalho Humberto Célio Pereira foi investigado e condenado pela Polícia Federal por receber parte da verba rescisória destinada aos trabalhadores.[5]

Os especialistas em economia da corrupção sabem que o crime é proporcional ao poder decisório dos fiscais – e ao dano que a avaliação deles pode causar. Se não há critérios objetivos e quantificáveis do que é seguir a lei, as empresas ficam entregues ao arbítrio dos burocratas. Há nisso até mesmo um risco para a democracia. Um governante pode mandar fiscais denunciar opositores e ameaçar confiscar as suas terras. A existência de regras claras, escritas em termos específicos e precisos, que evitem mal-entendidos e ambiguidades, protege a sociedade contra abusos do Estado.

Pode piorar. Em 2014, o Congresso aprovou uma emenda na Constituição prevendo a expropriação das terras onde for flagrado trabalho análogo ao escravo. Ativistas e promotores defendem que basta a denúncia do Ministério do Trabalho ou do Ministério Público para o processo de desapropriação começar e os bens serem distribuídos para a reforma agrária e as moradias populares. O confisco dos bens atingiria até mesmo proprietários de imóveis alugados, onde os inquilinos teriam mantido trabalho degradante. Para a lei entrar em vigor, ainda é preciso regulamentá-la e decidir o que é, exatamente, trabalho escravo. "Se a definição atual for mantida, qualquer trabalhador poderá ser considerado escravo, e empregadores correrão o risco de perder suas propriedades. É desproposital", diz a advogada Thais Rego Monteiro. O senador Romero Jucá defende restringir o conceito ao trabalho forçado – e permitir a desapropriação somente após a condenação definitiva. Enquanto o Congresso não se decide, o confisco, para sorte dos brasileiros, não está autorizado.

# O ESCRAVO QUE GANHAVA 5 MIL REAIS POR MÊS

A falta de uma definição precisa de trabalho escravo deixa os fiscais e promotores livres para interpretações extravagantes, ideológicas ou simplesmente equivocadas. Em 2013, por exemplo, o auditor Marcelo Campos visitou a obra de um prédio da construtora Tenda, em Belo Horizonte. Encontrou 210 funcionários com carteira assinada e ganhando o piso salarial. Vinte deles, porém, não eram contratados diretamente pela Tenda, e sim por uma empreiteira terceirizada. Dezesseis vinham de Goiás e dormiam num alojamento na própria obra. Esses funcionários tinham carteira de trabalho registrada com o piso da categoria, recebiam horas extras e adicionais de produção. Um carpinteiro contou que no total recebia entre 1.800 e 4 mil reais por mês; um pedreiro chegava a ganhar 5 mil por mês. Mas o auditor não gostou das condições do alojamento. Nos beliches, nem todos os colchões tinham lençóis, havia alguns fios elétricos expostos e os banheiros eram imundos. O alojamento era, de fato, precário, mas muitos dos trabalhadores poderiam achar que a remuneração compensava. Um salário de 5 mil reais, afinal, era mais de três vezes a renda média da época – e colocava o funcionário entre os 20% de brasileiros mais ricos daquele ano.

Como revelou a jornalista Flávia Furlan, da revista *Exame*, o auditor fiscal Marcelo Campos é conhecido por suas avaliações controversas. Em outra inspeção, em uma mina da Vale, o auditor considerou escravos 309 caminhoneiros que transportavam minério. A jornada de fato era excessiva – alguns deles, para cumprir metas de produção, trabalhavam quarenta dias seguidos, incluindo fins de semana. Os banheiros e vestiários dos funcionários eram sujos e decrépitos. Apesar desses problemas graves, os funcionários tinham carteira de trabalho assinada, ganhavam o piso, tinham plano de saúde, vale-refeição e recebiam adicional de horas extras. Foram considerados escravos por causa da jornada excessiva, da condição dos banheiros e porque o bebedouro à disposição dos funcionários era como o de escolas ou aeroportos, sem copos descartáveis.

Em muitos casos, a análise dos fiscais parece mais ideológica que técnica. Um caso clássico é o relatório de inspeção da Fazenda Boa Vista, no Tocantins. Ao escrever o laudo, o auditor aproveitou para emendar um pequeno manifesto comunista:

> Por isso é oportuno frisar: desvelar raciocínios que perpetuam o lucro injusto e a exploração do trabalhador, que certamente poderá estar nos porões mentais dos neoescravocratas, não é absurdo. Absurdo é vacinar bois e destinar aos empregados salário de morte; absurdo é inseminar vacas e deixar o filho do trabalhador morrendo porque seu pai não recebe salário justo; absurdo é descartar – desempregar – trabalhador quando ele não é mais necessário; enfim, absurdo é não cuidar dos empregados somente porque não são propriedades.

Por ideologia ou displicência, os fiscais também erram com frequência na avaliação do que encontram. Numa inspeção de 2009, no Pará, um auditor constatou que os empregados da fazenda estavam com documentos e contribuições em ordem. Mas encontrou também um caderno com anotações de produtos e preços. Pronto, estava configurada a escravidão por dívida. Mas basta folhear o caderno para perceber que não é bem assim. Entre as páginas, contornados por corações, há recados amorosos para um dos trabalhadores considerado escravo.

Recados amorosos num caderno de escravidão por dívida? Na verdade, o caderno não pertencia ao capataz da fazenda, e sim a um dos poucos trabalhadores que sabiam ler. Ele anotava os vales que havia recebido, o serviço que os colegas tinham realizado e os valores que deveriam receber, além das vaquinhas que faziam entre eles, quando um deles ia ao supermercado da cidade. Também usava o caderno para trocar recados com a namorada. Depois de cinco anos de briga judicial, o próprio Ministério Público pediu a absolvição do dono da fazenda.

Em diversos casos, é possível encontrar uma enorme disparidade entre o relato dos fiscais e o dos trabalhadores. Na Fazenda Ouro Verde, no Pará, os funcionários disseram, em depoimento aos fiscais, que não pagavam pelo almoço e achavam a comida boa ou razoável. Mas os fiscais concluíram o contrário: que a alimentação era cobrada dos trabalhadores e que era "feita com arroz, feijão, pouca carne e sem verdura, ou seja, não era servida alimentação balanceada". Talvez para quem more no Leblon ou nos Jardins essa comida seja degradante, mas para camponeses pobres do Brasil costuma ser o trivial. Como o dono da fazenda era um político – o senador João Ribeiro – o caso foi para o Supremo Tribunal Federal e rendeu comentários deliciosos dos ministros da Suprema Corte. "Maltrata o senso comum entender que a alimentação à base de arroz e feijão, para o trabalhador no campo, nas zonas de fronteira econômica, seja algo torpe, nem é racional entender que o fornecimento 'de pouca carne e sem verdura' acarreta tratamento degradante", afirmou o ministro Gilmar Mendes.[6]

Avaliar as condições de trabalhadores do campo com olhos de gente rica das cidades é um viés comum. Quando precisam derrubar uma mata ou desbravar um ponto distante da fazenda, os peões seguem o costume de acampar no meio do mato, armar barracas e dormir em redes (costume seguido mesmo por ricos da Região Norte). Segundo a lei, é preciso levar banheiros químicos e filtros para o acampamento ou voltar ao alojamento central no fim do dia. Mas muitas vezes os próprios trabalhadores acham um estorvo seguir essa regra. "Em pouco tempo de experiência, pude perceber que os próprios trabalhadores prefeririam trabalhar assim", diz o juiz do trabalho Cassio Moro, do TRT do Espírito Santo, que atuou em Sinop, Mato Grosso. "Em casos como esses, é inútil e injusto multar ou tentar fechar a empresa. Um trabalho de conscientização com os funcionários sobre a segurança e a dignidade no trabalho é mais efetivo."

O ministro Gilmar Mendes completa:

> Ora, se estamos falando de desbravamento de regiões inóspitas, como a borda da Amazônia ou os rincões do país, é óbvio que os primeiros trabalhos a serem praticados ali não poderão contar com solos cimentados ou com galpões construídos para o abrigo dos primeiros trabalhadores. E, mesmo que assim fosse, os trabalhadores que anteriormente os construíram teriam sido objeto de trabalho escravo, de acordo com esse equivocado raciocínio.[7]

# A DISCUSSÃO ECONÔMICA

Numa coisa os ativistas do combate ao trabalho degradante estão certos: milhões de pessoas têm empregos terríveis no Brasil. Trabalham amontoadas em cômodos sem janelas; cumprem uma jornada tão intensa que mal veem a família; dormem em alojamentos com ratos e baratas. Diante de situações assim, tudo o que não se deve fazer é diminuir as opções dos trabalhadores.

Muita gente acredita que os empregados ganham mal por causa da ganância de algum ser poderoso. Segundo essa linha de pensamento, os nordestinos seriam miseráveis porque são explorados por coronéis e latifundiários; os bolivianos em São Paulo teriam de aceitar empregos precários por causa da ambição das grifes de roupa. Bastaria, então, reprimir empresas e latifundiários e obrigá-los a andar na linha.

Mas o que explora os trabalhadores não é a opção de trabalho que eles encontram, e sim a falta de opções. Os operários das pequenas oficinas de roupas da zona leste de São Paulo se submetem a condições ruins porque aquela é a melhor alternativa de que dispõem. O que os oprime não é a empresa que os contratou, mas a ausência de mais empresas que os contratem. Se há muitos empregadores interessados, os trabalhadores podem cobrar mais pelo serviço – ou mudar para o emprego que oferece alojamentos e jornadas melhores.

Eu e provavelmente o leitor jamais aceitaríamos um trabalho degradante num canavial ou numa oficina de costura sem janelas. Se alguém aceita esse trabalho, é porque as alternativas eram ainda piores. O jornalista Nicholas Kristof, do *New York Times*, descobriu isso ao entrevistar jovens miseráveis do Camboja. Para muitas delas, um trabalho que jovens americanos considerariam revoltante era a melhor opção. "Eu adoraria arranjar um trabalho numa fábrica", disse uma mulher de 19 anos que catava recicláveis num lixão de Phnom Penh. Em 1992, o Congresso americano propôs proibir importações de produtos fabricados por crianças. Anos depois, o economista Paul Krugman comentou o efeito dessa medida. "O resultado direto foi que as fábricas têxteis de Bangladesh deixaram de contratar crianças. Mas essas crianças foram de volta para a escola? Retornaram a lares felizes? Não segundo a (ONG) Oxfam, que descobriu que, despedidas das fábricas, elas acabaram em trabalhos piores ou nas ruas – e muitas se viram obrigadas a se prostituir."[8]

O combate ao trabalho degradante se baseia na ideia de que as condições ruins são fruto da escolha dos patrões. Mas a escolha não é só deles. Ao decidir ingressar num emprego, uma pessoa avalia todos os tipos de compensação – o salário, o conforto e a segurança durante o trabalho, as opções de transporte, a jornada. Quem recebe uma boa renda pode abrir mão de uma parte dela em troca de instalações mais confortáveis ou de uma jornada menor. Mas se a renda e a produtividade são baixas, e a melhor alternativa de trabalho não é o suficiente para pagar as contas, provavelmente o trabalhador abrirá mão do conforto para extrair o máximo da remuneração em forma de salário. "Isso significa que a combinação de compensações é determinada pelas preferências dos empregados (até o limite da sua produtividade), e não pelas preferências de corporações multinacionais ou empresas terceirizadas", diz o economista Benjamin Powell.[9] Imagine, por exemplo, que você acabou de se mudar para um país estranho e está sem dinheiro, sem qualificação ou mesmo conhecimento da língua local – ainda tem três filhos famintos nas costas. De repente aparecem duas opções de trabalho em oficinas de costura. A primeira oficina, ensolarada e espaçosa, oferece um salário de 10. A segunda, sem janelas e com uma jornada maior, paga 12. Na hora do aperto, você não se dará ao luxo de perder 20% da remuneração.

O economista Powell comprovou essa opção entrevistando operários da Guatemala. Ele conversou justamente com quem trabalhava em fábricas de roupa que motivaram escândalos de trabalho degradante, em reportagens da TV americana. Descobriu que quase todos os trabalhadores não topariam trocar parte do salário por melhores condições:

| VOCÊ ACEITARIA TER UM SALÁRIO MENOR SE O SEU EMPREGADOR... | SIM | NÃO |
|---|---|---|
| ... tornasse as condições de trabalho mais agradáveis? | 8,6% | 91,4% |
| ... reduzisse o número de horas de trabalho? | 10% | 90% |
| ... aumentasse o horário de almoço? | 4,3% | 95,7% |
| ... fornecesse plano de saúde? | 14,3% | 85,7% |
| ... desse férias remuneradas? | 18,6% | 81,4% [10] |

Fonte: Benjamin Powell, Sweatshops, Cambridge University Press, 2014, página 67.

Oitenta por cento dos entrevistados não trocariam parte do salário por nenhuma melhoria de condições. E 20% deles disseram que trabalhariam ainda mais para ter um salário maior. "As exigências de ativistas do Primeiro Mundo para melhorar as condições de trabalho são, na verdade, tentativas de impor as suas preferências à custa das preferências dos trabalhadores que eles acreditam ajudar", diz Powell. O boliviano Luis Vásquez conhece essa teoria econômica na prática. "Algumas oficinas tentaram contratar por CLT, com oito horas de trabalho. Mas os bolivianos acham ruim – preferem ganhar por produção. Estão no Brasil para ganhar dinheiro – não veem sentido em ficar cinco, seis horas sem nada pra fazer."

Em São Paulo, diversas grifes de roupa foram denunciadas por trabalho escravo porque o Ministério Público identificou condições degradantes nas oficinas de costura contratadas por empresas terceirizadas (ou seja, oficinas "quarterizadas"). A suposta escravidão mantida pela Zara foi motivo de reportagens nos principais jornais do mundo. No caso da grife M. Officer, houve quem defendesse que a empresa fosse banida de São Paulo. Quando aterrorizam as grifes que subcontratam oficinas, os ativistas dão um tiro no pé. "Ao tornar a contratação de imigrantes um negócio arriscado, que pode render escândalos nos jornais e confisco de propriedades, os fiscais diminuem as opções dos trabalhadores, que ficam ainda mais vulneráveis", diz o cientista político Diogo Costa, que leciona economia política no King's College, em Londres. Culpar empresas por irregularidades dos fornecedores gera insegurança jurídica. No sistema de produção atual, um simples vestido ou um teclado de computador têm peças e materiais vindos de dezenas de países e empresas. Não é um grande incentivo à compra de produtos *made in Brazil* a possibilidade de uma empresa ser injustamente estigmatizada nos jornais internacionais.

Um argumento frequente em defesa do combate degradante é o da concorrência desleal. Num ambiente em que todas as grifes de roupa contratam trabalhadores conforme a lei, uma delas terá uma boa vantagem se empregar imigrantes sem direitos trabalhistas. Com custos menores, venderá muito mais que as outras. Diante dessa concorrência, as empresas que seguem a lei terão de escolher entre o risco de perder clientes ou aderir ao subemprego. "A razão do combate ao trabalho degradante não é só humanitária. Também serve para proteger o empregador que cumpre a lei", diz o procurador Luiz Fabre, membro da coordenadoria de Combate ao Trabalho Escravo do Ministério Público do Trabalho. O problema é que a tentativa de determinar um nível mínimo de trabalho pode ser um remédio pior que a doença. "Em diversos países e momentos da história, o subemprego foi o meio pelo qual as minorias, os migrantes e os menos favorecidos entraram no mercado de trabalho e começaram a ascender socialmente", diz Costa. "Proibir o emprego ruim acaba funcionando como uma barreira de exclusão dos menos qualificados."

Em vez de perseguir as empresas e as fazendas que contratam mão de obra barata, os ativistas do combate ao trabalho análogo à escravidão deveriam atraí-las, animá-las a abrir negócios e vagas no Brasil. Quanto mais alternativas, melhor. Também ajudaria a facilitar a legalização de imigrantes, o acesso a empregos melhores e o aprendizado. Parte desse trabalho já está sendo feito. Em São Paulo, o Ministério Público do Trabalho criou um centro onde os imigrantes podem regularizar a residência no Brasil, tirar carteira de trabalho e abrir uma conta-corrente. Documentados, ficam aptos a trabalhos melhores.

O ensaísta Nassim Nicholas Taleb chama de "filantropia de araque" a atividade de "ajudar as pessoas de uma forma visível e sensacional, sem levar em conta o cemitério oculto de consequências invisíveis". O exemplo preferido de Taleb são as causas trabalhistas. "Você nota as pessoas cujos empregos estão mais seguros e atribui benefícios sociais a essas medidas. Você não percebe o efeito naqueles que ficarão desempregados, já que as medidas vão reduzir a oferta de empregos. Em alguns casos, as consequências positivas de uma ação vão beneficiar imediatamente os políticos e os humanitários de araque, enquanto as negativas levarão um bom tempo para aparecer – e talvez nunca sejam perceptíveis."[11] Não há definição melhor para o combate ao trabalho análogo à escravidão no Brasil.

# AS LEIS TRABALHISTAS PREJUDICAM OS TRABALHADORES

**Governos do mundo todo, para convencer as pessoas a deixar de fumar**, costumam aumentar impostos e estipular um preço mínimo para o cigarro. Com o preço maior, menos gente compra cigarros e a incidência de câncer de pulmão cai. Um estudo do Banco Mundial estima que, para cada aumento de 10% no preço do cigarro, o consumo em países de renda baixa e média cai 8%.[1] Na França, os impostos chegam a 80% e o maço mais barato sai por 26 reais.

Do mesmo modo, para desestimular as pessoas a comprar armas, o governo impõe regras, barreiras e multas. Para ter uma arma no Brasil, é preciso entregar pelo menos nove documentos à Polícia Federal. Quem deixar a arma ser extraviada e não avisar a polícia em 24 horas pode pegar até dois anos de cadeia e ainda ser multado. Com tanta burocracia e tantos riscos, menos gente se interessa por armas.

Legal.

O estranho é que o governo toma medidas muito parecidas com uma mercadoria que ele deveria incentivar as pessoas a adquirir – o trabalho. Para contratar um funcionário no Brasil é preciso apresentar tantos documentos quanto para conseguir um porte de arma e pagar quase tantos impostos quanto para comprar um maço de Marlboro. São 8% de FGTS, 20% ao INSS, 1% a 3% referentes aos Riscos Ambientais do Trabalho (RAT) e geralmente 5,80% de contribuição a órgãos como Senai, Sesc e Sesi. Se o negócio não der certo e a empresa tiver que demitir os funcionários, terá de pagar uma multa pela demissão equivalente a 40% do FGTS acumulado pelo empregado. Segundo um estudo da Fundação Getulio Vargas, a legislação trabalhista pode representar até 48% do custo de um empregado. No total, a lei trabalhista brasileira tem 922 artigos.[2]

O efeito dessas leis é o mesmo que no caso do cigarro e das armas: tiram o incentivo para adquirir horas de trabalho. Menos incentivos, menos contratações. Se as outras variáveis ficarem estáveis, quem está procurando emprego tem de enfrentar mais concorrentes por menos vagas. Por oferta e procura, as leis pressionam os salários para baixo.

Outro efeito é o mercado negro. Se o custo do cigarro é alto demais, abre-se a oportunidade para o mercado negro de cigarros contrabandeados do Paraguai. Se o custo de uma contratação é alto demais, cria-se um mercado informal de trabalho.

A Consolidação das Leis do Trabalho (CLT) é uma vaca sagrada no Brasil. Sindicatos e gente que supostamente defende os pobres se alvoroçam com a menor notícia sobre mudanças na CLT. Basta um comentário de um ministro sobre mudanças na CLT para ser chamado de traidor dos trabalhadores e aliado das grandes corporações. Logo surge uma gritaria geral contra o que seria a "flexibilização das leis trabalhistas", a "precarização do trabalho" e "ameaça às conquistas dos trabalhadores". Mas a verdade é que a CLT, ao aterrorizar os patrões, diminui a demanda por trabalho e prejudica os trabalhadores.

Centenas de estudos relacionam a rigidez das leis trabalhistas (multas para demissão, aviso prévio, dificuldade ao contratar, gastos além do salário e proibição de contratos de trabalho flexíveis) ao desemprego – e menores salários. Por exemplo, uma análise de leis trabalhistas em 73 países concluiu que se a Itália adotasse uma legislação tão flexível quanto a dos Estados Unidos, seu desemprego cairia de 8% para 5%.[3] Já a Indonésia, se tivesse regulações tão flexíveis quanto as da Finlândia, teria uma taxa de desemprego 2,1 pontos percentuais menor; e o número de jovens desempregados também diminuiria 5,8%.[4] Outro estudo, de 2009, analisou catorze países latino-americanos e concluiu que leis trabalhistas mais flexíveis expandiriam o mercado de trabalho em 2%, criando cerca de 3 milhões de vagas.[5]

A diferença aparece até mesmo dentro do próprio país. Um estudo de 2004 comparou os efeitos da legislação trabalhista na Índia (onde os estados podem fazer emendas na lei trabalhista nacional) entre os anos 1958 e 1992. Concluíram que os estados que tornaram a lei mais rígida tinham investimento, emprego e produtividade menores. Enquanto Andhra Pradesh facilitou a vida dos empregadores e cresceu 6% ao ano, Bengala Ocidental tornou-a mais rígida – e teve um crescimento de 1,5% por ano.[6]

No Brasil, uma lei de 1990 endureceu as regras do mercado de trabalho. A multa por demissão sem justa causa passou de 10% para 40% do FGTS; o adicional de horas extras passou de 20% para 50%; a licença-maternidade aumentou um mês e surgiu o adicional de um terço de férias. Na década de 1990, a parcela de trabalhadores com carteira assinada encolheu de 38% para 27%. Para os economistas Mariano Bosch, Edwin Goni e William Maloney, uma coisa tem a ver com a outra. Para eles, "as regulações dos custos de demissão, horas extras e o poder dos sindicatos" reduziram o salário inicial dos contratados e evitaram a criação de vagas formais.[7]

Se a ideia de que as leis trabalhistas prejudicam os trabalhadores é correta, então é preciso provar que os trabalhadores têm uma vida melhor em países com leis trabalhistas menos rígidas. Pois compare os grupos de países a seguir:

1. Estados Unidos, Canadá, Austrália, Singapura, Hong Kong (China), Maldivas, ilhas Marshall.
2. Bolívia, Venezuela, Guiné Equatorial, São Tomé e Príncipe, Tanzânia, Congo e República Centro-Africana.

Quem acredita na mágica das leis trabalhistas diria que elas são mais protetoras nos países do primeiro grupo, que reúne alguns dos lugares mais ricos do mundo. Na verdade, no grupo

1 estão os sete países com as leis trabalhistas mais permissivas, segundo o Banco Mundial. As pessoas são livres para combinarem as regras e a duração da jornada de trabalho. Nos Estados Unidos, não há multa para demissões, férias remuneradas nem adicional de hora extra estabelecido por lei (somente por contratos privados). Singapura nem sequer tem uma lei geral de salário-mínimo.

Já o grupo 2 reúne os sete países cujas leis mais protegem os trabalhadores. Na Venezuela, a lei proíbe a demissão de quem ganha até um salário-mínimo e meio (o que faz funcionários terem medo de serem promovidos, pois os patrões costumam aumentar o salário para então demiti-los). O dono de uma padaria na Guiné Equatorial, se sofrer uma queda no movimento e tiver que demitir funcionários, terá de pagar alguns anos de salário aos funcionários durante a rescisão do contrato.

O mais curioso é que os países do grupo 1 costumam receber imigrantes interessados em participar do mercado de trabalho, enquanto os países do grupo 2 costumam exportar trabalhadores. Sem emprego no país natal, eles se mudam para países com mais oportunidade – que geralmente são aqueles onde as leis são menos protetoras. Não são os ingleses que procuram trabalho em Portugal (onde o governo obriga as empresas a tentar encaixar o empregado em outra posição antes de demiti-lo) ou na Espanha (que faz o empregador pagar uma multa no valor de trinta dias de trabalho por ano que o funcionário trabalhou na empresa se quiser despedi-lo); são antes os portugueses e os espanhóis que sonham com um trabalho na Inglaterra. A lei trabalhista da Indonésia é das mais protetoras – se um empregador quiser demitir um empregado com um ano de casa, tem de pagar uma multa equivalente a dezessete semanas de salário e ainda pedir aprovação do governo. No entanto, 4 milhões de indonésios trabalham em Singapura, na Austrália e na Malásia, onde as regras são mais brandas.[8] Mais de 300 mil brasileiros trabalham nos Estados Unidos e outros 180 mil no Japão, onde sequer existe uma Justiça do Trabalho (os conflitos são resolvidos em tribunais cíveis). Quem gosta de leis trabalhistas são intelectuais e sindicalistas. Já os trabalhadores fogem delas na primeira oportunidade.

# O SALÁRIO-MÍNIMO NO BRASIL É ALTO DEMAIS

Imagine que um dia o governo, por pressão dos frigoríficos e criadores de gado, anuncie uma medida provisória determinando um preço mínimo para a carne vermelha. Durante um pronunciamento oficial, o ministro da Agricultura informa que tanto o acém de 10 reais quanto a picanha ou o filé-mignon de 30 reais terão de ser vendidos por não menos que 50 reais o quilo.

Uma medida como essa provocaria duas consequências imediatas. A primeira é que a venda de carnes despencaria. Diante de um preço alto demais, as pessoas trocariam a carne de boi pelo frango de padaria ou filé de pescada. A segunda é que sobraria acém no supermercado. Tendo que pagar 50 reais o quilo, quem decidisse comprar carne escolheria o melhor corte que pudesse obter por esse preço. Iriam todos em busca de picanha, filé-mignon ou baby-beef, enquanto as prateleiras de carnes menos nobres ficariam encostadas na prateleira. O dono do supermercado, preocupado com tanto acém prestes a passar da data de validade, tentaria dar um fim ao produto. Provavelmente ingressaria num mercado negro para vender acém a um preço mais baixo que o estabelecido pelo Ministério da Agricultura.

Para resumir, a intervenção do governo no preço diminuiria o consumo total de carne, principalmente o de carnes menos nobres, e criaria um mercado negro do produto.

Agora suponha que, no dia seguinte, fosse a vez de o Ministério do Trabalho anunciar um preço mínimo – dessa vez, o preço de um mês de trabalho. "A partir do dia 1º de janeiro", anunciaria com orgulho o ministro no *Jornal Nacional*, "nenhum trabalhador ganhará menos que mil reais por mês".

A medida causaria as mesmas consequências do preço mínimo da carne. Diante de um preço alto demais, muita gente desistiria de contratar trabalhadores. Donos de fábricas teriam um incentivo a mais para investir em máquinas; famílias contratariam diaristas menos vezes na semana. Tendo de pagar um mínimo, as pessoas contratariam os melhores funcionários que pudessem encontrar por aquele valor. Pessoas mais jovens, menos produtivas ou menos qualificadas ficariam encostadas na prateleira – ou seja, desempregadas. Esses trabalhadores provavelmente ingressariam num mercado informal para vender sua força de trabalho a um preço mais baixo que o estabelecido pelo Ministério do Trabalho.

A intervenção do governo no valor dos salários diminuiria o número de pessoas empregadas, principalmente mais jovens e menos qualificadas, e criaria um mercado informal de trabalho.

O leitor talvez rejeite a comparação entre pessoas e pedaços de carne. É claro que pessoas e filés têm direitos diferentes. A questão, como nota o economista Walter Williams, é que os dois, apesar de serem coisas bem distintas, estão sujeitos às mesmas leis.[9] É o caso da lei da gravidade. Pessoas e nacos de filé-mignon caem igualmente a uma aceleração de 9,81 metros por segundo ao quadrado. "Do mesmo modo", diz Williams, "a demanda por cortes de carne é influenciada pelo preço, o que também acontece com a demanda pelo trabalho de uma pessoa."[10]

Os perigos do salário-mínimo não são nenhuma novidade. Estão em qualquer apostila de economia básica, como a do professor Gregory Mankiw: "O salário-mínimo aumenta a renda dos trabalhadores empregados, mas reduz a renda dos trabalhadores que não conseguem emprego", diz ele.[11] Essa é a teoria, e a favor dela há algumas provas. Depois de décadas e décadas de piso salarial (a maioria delas é do começo do século 20), economistas montaram uma boa coleção de dados sobre as distorções e os danos causados pelo salário-mínimo. Alguns deles:

- O FMI estima que quando o salário-mínimo dobra em relação à renda, o nível de emprego entre os jovens brasileiros diminui entre 30% e 60%. Jovens pobres e imigrantes são os mais afetados, pois geralmente são os candidatos menos qualificados.
- Em 1938, a primeira lei que criou o salário-mínimo nos Estados Unidos incentivou a mecanização e causou desemprego. Pesquisas baseadas na contabilidade de 87 fábricas de tecidos do sul dos Estados Unidos mostraram que, somente nos dois primeiros anos após a lei, o uso de máquinas de fiação mais caras e rápidas aumentou 69%, a importação de roupas subiu 27%, enquanto o número de trabalhadores caiu 5,5%. Nas fábricas que, antes da lei, pagavam menos que os 25 centavos por hora (valor do primeiro salário-mínimo), a queda do número de empregados foi bem maior — 17%.[12] O interessante é que o efeito foi muito menor no norte dos Estados Unidos, onde o salário imposto pelo governo não ficava longe dos salários usuais.
- Uma revisão da literatura feita pelo National Bureau of Economic Research, o Ipea dos Estados Unidos, analisou mais de 102 estudos e revelou que 94 deles concluíam que aumentar o salário-mínimo significava diminuição de oportunidades de emprego para trabalhadores pouco qualificados.[13]

Considere o caso do dono de um restaurante em São Paulo que não gosta de conviver com nordestinos. Prefere contratar garçons-loiros-parecidos-com-o-ator-Rodrigo-Hilbert. Uma pessoa assim tem um problema: garçons-loiros-parecidos-com-o-Rodrigo-Hilbert, mais raros em São Paulo que migrantes nordestinos, só aceitam trabalhar por, digamos, 1.200 reais por mês. Migrantes do Piauí, mais numerosos e vindos de condições piores, aceitam um salário bem menor – digamos, 800 reais. Para que todos os seus dez funcionários sejam garçons-loiros-parecidos-com-o-Rodrigo-Hilbert, esse dono precisa desembolsar 400 reais a mais com cada um – ou 4 mil reais por mês. Esse seria o preço que ele pagaria pela discriminação racial.

Como geralmente o lucro é mais importante que preferências raciais, donos de restaurante preferem garçons nordestinos. Quase metade dos garçons de São Paulo vem do Ceará e do Piauí, enquanto somente 7,8% vêm da Região Sul; somente Pedro II, uma cidade de 38 mil habitantes no Piauí, fornece 5,1% dos garçons em atividade em São Paulo.[14]

# O SALÁRIO-MÍNIMO CONTRA

Mas, se uma lei impõe um salário-mínimo de 1.200 reais, o dono do restaurante será obrigado a pagar esse valor tanto para garçons-loiros-parecidos-com-o-ator-Rodrigo-Hilbert quanto para migrantes vindos de Pedro II. Por preconceito, provavelmente optaria pelos primeiros. Um salário-mínimo alto demais anularia o custo econômico do preconceito e tiraria do mercado grupos discriminados.

Esse efeito do piso salarial já foi usado de forma consciente, para tirar negros e imigrantes do mercado de trabalho. Para o economista Walter Williams, que na juventude foi um ativista do movimento negro norte-americano, as primeiras leis de piso salarial dos Estados Unidos e da África do Sul surgiram por pressão de movimentos racistas. Em geral menos qualificados, os negros aceitavam menores salários, o que irritava trabalhadores brancos. "Se não há cotas [raciais] de emprego na indústria da construção, eu apoio o salário-mínimo como a segunda melhor maneira de proteger os nossos trabalhadores brancos", disse Gert Beetge, líder do sindicato abertamente racista Building Workers, da África do Sul. Em 1925, a Comissão de Economia e Salários da África do Sul adotava a mesma estratégia. "O método seria fixar uma faixa [salarial] mínima por ocupação ou trabalho tão alta que torne impossível a contratação de qualquer nativo."

# OS NEGROS E OS MIGRANTES

No Brasil, não há vestígios dessa intenção. O que se sabe é que a criação das leis trabalhistas foi bandeira dos mesmos homens que defendiam a eugenia e o controle de imigrantes. É o caso de Francisco Oliveira Viana, para quem "japonês é como enxofre: insolúvel" e o Brasil deveria se branquear pela "miséria, vício e castigo". Antiliberal e anticomunista (ou seja, muito próximo do fascismo), Oliveira Viana atuou na formulação das leis de restrição à imigração, criou os primeiros códigos sindicais e foi consultor jurídico da criação da Justiça do Trabalho. Queria que a imigração se limitasse a um mínimo necessário e defendeu cotas para brasileiros nas fábricas. Para ele, a xenofobia era a melhor forma de proteger os trabalhadores brasileiros.

O diabo é que nem sempre os dados confirmam a teoria. Em 1993, os economistas David Card e Alan Krueger provocaram chiliques em colegas liberais ao mostrar que a relação entre salário-mínimo e desemprego nem sempre bate com a realidade dos Estados Unidos. Em Nova Jersey, por exemplo, o salário-mínimo aumentou 18% de uma tacada só, em 1992. Passou de 4,25 para 5,05 dólares por hora. Em teoria, o reajuste deveria provocar desemprego de gente com salário baixo. Mas Card e Krueger analisaram a folha de pagamento de dezenas de lanchonetes da cidade (onde os funcionários não costumam ter muitos dígitos no holerite) e concluíram que aconteceu o contrário. Oito meses depois do aumento, o McDonald's e seus concorrentes tinham até aumentado levemente o número de funcionários.

O Brasil também poderia estar na lista de exemplos de Card e Krueger. Entre 2002 e 2014, o salário-mínimo aumentou 75% acima da inflação. Pela cartilha liberal, esse aumento deveria resultar em desemprego e aumento da informalidade. Mas o que aconteceu no mesmo período foi o contrário. O desemprego desabou e a informalidade caiu de 43% para 22%. Como explicar tantos dados a contrariar a teoria econômica?

Bem, de várias formas.

A primeira é que, em economia, é impossível isolar todas as variáveis. No exemplo de Nova Jersey, talvez o crescimento da economia tenha aumentado a venda de Big Macs, levando gerentes de lojas a contratar mais funcionários, apesar do salário maior. Ou o contrário: com a economia em baixa e o bolso vazio, os moradores evitaram restaurantes caros e optaram pelo McDonald's como um "bem inferior", o tipo de produto cuja demanda cresce em momentos de crise. Refutações a estudos econômicos costumam atacar por esse flanco – outras variáveis que podem ter influenciado a história.

É o caso do Brasil. Entre 2002 e 2014, outra variável influenciou a nossa vida – a alta do preço da soja, do minério de ferro e outras matérias-primas. Investidores internacionais derramaram no Brasil um balde gigantesco de dinheiro, empurrando para cima as ações brasileiras, a criação de vagas de trabalho, a economia em geral. O país cresceu em média 3,38%. Ganhou 217 novos shoppings. Isso significa mais pedreiros para construir tais centros comerciais, caminhoneiros para levar cimento até a obra, vendedoras de loja e atendentes do McDonald's (que teve 266 filiais abertas nesse período). Muito além da carteira assinada, construtoras ofereceram até massagens para atrair pedreiros de pátios de obras de empresas concorrentes. Talvez o aumento do salário-mínimo tenha pressionado para baixo a taxa de emprego, mas o crescimento da economia teve força muito maior para aumentar salários e multiplicar vagas formais de trabalho.

Outra explicação é que, mesmo com o aumento, o salário-mínimo não superou o preço de equilíbrio. Voltando ao exemplo da carne, se o Ministério da Agricultura estabelecesse um preço mínimo de 12 reais o quilo, e não de 50 reais, criaria poucas distorções no mercado, pois o acém continuaria mais barato que o filé-mignon. A imposição do preço mínimo só atrapalha se o preço estabelecido for alto demais. A questão, portanto, é: qual valor é alto demais para o salário-mínimo?

A revista *Economist*, após analisar dezenas de estudos sobre o tema, concluiu o seguinte: o piso mais ajuda que atrapalha se for um pouco menor que metade da renda mediana do país.[15] Renda mediana é quanto ganha o sujeito que fica exatamente no meio, entre os 50% mais ricos e 50% mais pobres. Por esse critério, o piso dos salários nos Estados Unidos é baixo, pois equivale a 38% da renda mediana. Eis o motivo de aumentos do salário-mínimo nem sempre causarem desemprego por lá.

No caso do Brasil, temos um problema. Até 2015, o nosso salário-mínimo subiu rápido demais em relação à produtividade:

**BRASIL: O SALÁRIO-MÍNIMO ESTÁ AUMENTANDO MUITO MAIS QUE A PRODUTIVIDADE**

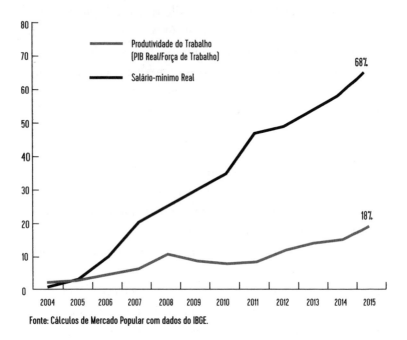

Fonte: Cálculos de Mercado Popular com dados do IBGE.

Também cresceu bem mais rápido que a renda mediana. Em 2002, o piso de 200 reais correspondia a 45,5% da renda mediana no Brasil (de 439 reais). Em março de 2015, era de 788, ou 69,7% da renda de 1.298 reais. Isso sem contar os pisos regionais. Para o economista Mansueto Almeida, o salário-mínimo brasileiro está entre os mais altos do mundo em termos relativos.[16] Tão alto em relação à renda mediana quanto o da França – que causa um dos maiores desempregos entre jovens da Europa. Veja só:

EM RELAÇÃO À RENDA MEDIANA DOS CIDADÃOS, O SALÁRIO-MÍNIMO DO BRASIL É UM DOS MAIS ALTOS DO MUNDO

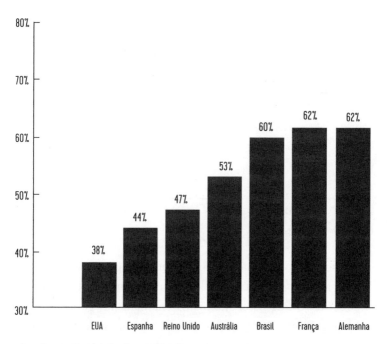

Fonte: Pesquisa Mensal de Emprego – IBGE (2015).

Pelo critério da renda mediana, o salário-mínimo brasileiro, para não excluir gente pouco produtiva do mercado de trabalho, deveria ser em torno de 45% da renda mediana. Ou aproximadamente 584 reais em 2015. É alto demais.

Um dos problemas que apareceram foi que os trabalhadores mais produtivos tiveram aumento de salário à custa dos menos produtivos e escolarizados, que estão sendo excluídos do mercado de trabalho. Para os brasileiros com até três anos de estudo, está cada vez mais difícil encontrar emprego. Como mostra este gráfico do Ipea:

PORCENTAGEM DE BRASILEIROS COM 0 A 3 ANOS DE ESTUDO, POR CONDIÇÃO NO MERCADO DE TRABALHO

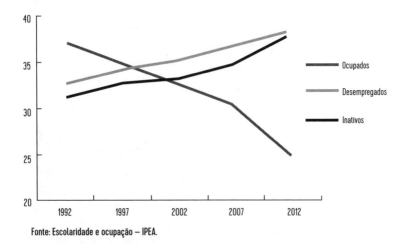

Fonte: Escolaridade e ocupação – IPEA.

A valorização do salário-mínimo também pode estar relacionada ao aumento do número de jovens que nem estudam nem trabalham – o que os economistas chamam de "geração nem-nem". De 2000 a 2013, os "nem-nem" passaram de 18,2% para 20,3% dos jovens entre 15 e 29 anos. São quase 10 milhões de brasileiros, principalmente mulheres (69%) e pessoas com poucos anos de estudo. A insistência na valorização do salário-mínimo está deixando os jovens brasileiros sem algum salário. Se pudessem ganhar menos, teriam a chance de aprender fazendo, aumentando aos poucos o salário e a produtividade (o que os economistas chamam de *learning-by-doing*). A lei que deveria proteger os trabalhadores coloca os jovens num beco sem saída: pouco experientes, não conseguem emprego; sem emprego, não adquirem experiência.

A solução liberal para evitar esses danos é simplesmente extinguir o salário-mínimo e deixar o mercado regular o preço. Mas há pelo menos três soluções mais moderadas:

1. Tirar dos políticos o controle sobre o valor dos pisos salariais. Políticos querem votos – e um bom meio de ganhar votos é dar uma de ilusionista capaz de tirar da cartola leis que aumentam salários por mágica. Na Inglaterra, políticos podem espernear, mas têm pouco poder sobre o salário-mínimo. Quem decide o reajuste anual é a Low Pay Commission, um comitê de especialistas semelhante ao Comitê de Política Monetária (Copom), conselho que regula a taxa de juros no Brasil.

2. Quebrar o salário-mínimo em diversos valores conforme a idade do trabalhador. O exemplo também vem da Inglaterra. Em 2014, o salário-mínimo por lá era de 2,73 libras para aprendizes, 3,79 para menores de 18 anos, 5,13 para jovens entre 18 e 20 anos e 6,50 para trabalhadores maiores de 21 anos.

3. Dar força a valores regionais do salário-mínimo. Um piso nacional pode prejudicar quem mora nas regiões mais pobres do país em benefício das mais ricas. O dono de uma fábrica, por exemplo, poderia se interessar em abrir uma fábrica no Maranhão, onde pagaria salários menores que no Rio de Janeiro. Se a lei impõe um salário-mínimo nacional acima dos valores do mercado, não haverá vantagem em construir uma fábrica no Maranhão. O dono da fábrica preferirá regiões com melhor infraestrutura e próximas dos consumidores, enquanto os maranhenses ou ficarão desempregados ou irão para o mercado informal.

É claro que em termos absolutos o salário-mínimo é uma péssima remuneração. Todos concordamos que, num mundo ideal, os brasileiros deveriam ganhar o suficiente para comer bem, morar com conforto, passar as férias no sul da França e comprar muitos guias politicamente incorretos. A questão é que leis para aumentar a renda por decreto mais atrapalham que ajudam. O que realmente ajuda os trabalhadores vem a seguir.

# COMO NÃO DEFENDER OS TRABALHADORES

Tanto economistas da esquerda como os de centro ou da direita concordam: o que realmente aumenta o salário é o crescimento da produtividade e da economia.

"Produtividade não é tudo, mas no longo prazo é quase tudo", diz Paul Krugman, Nobel de Economia de 2008, o economista preferido de quem defende intervenções estatais no mercado. Ricardo Paes de Barros, que até o começo de 2015 liderou os programas sociais do governo do PT, vai na mesma linha. "A melhor política social hoje, no Brasil, é o crescimento econômico", disse ele numa entrevista a *O Globo*.[17] "Para reduzir a pobreza, fortalecer a classe média e continuar num processo de ascensão e de melhoria das condições de vida, o mais importante não é a redução da desigualdade, mas o aumento da produtividade", repete ele em quase toda conversa com jornalistas.[18]

A quantidade de bens ou serviços que uma pessoa produz por hora é quase sinônimo de riqueza. Pescador que passa o dia todo na beira do rio para conseguir um lambari: pobre. Pescador que em quinze minutos no mar descobre um cardume imenso de atum-azul: milionário. Quanto maior a produtividade, menos a pessoa precisa trabalhar para ter uma boa renda. Nas empresas, a produtividade determina o máximo que um funcionário pode receber sem dar prejuízo. Uma construtora só vai pagar 3 mil reais a um mestre de obras se ele render pelo menos 3.001 reais. Quanto mais o sujeito produzir por hora, mais alto é o teto que o salário dele pode alcançar.

Alguém poderia dizer que, muitas vezes, a produtividade aumenta e os salários não. É verdade. Isso acontece porque o piso dos salários depende de outro fator: a lei da oferta e da procura. Se houver muitos mestres de obras se candidatando para poucas vagas, a construtora poderá oferecer bem menos que 3 mil reais por mês.

Um candidato avisa que toparia o trabalho por 2.500 reais; outro, por 2.200 reais; um terceiro já arredonda para 1.500 reais. "Duas coisas governam os salários: produtividade – ou até que ponto o trabalho é importante para o trabalhador – e oferta e procura por trabalhadores de determinada capacidade", resume o analista econômico Eduardo Porter.[19] A produtividade define o máximo; já o valor mínimo do salário é definido pela segunda melhor alternativa do trabalhador.

Ou seja: quem quer dedicar a vida a ajudar os trabalhadores precisa, além de lutar pelo aumento da produtividade, torcer para que haja mais obras precisando de mestres que mestres precisando de obras. Isso acontece quando a economia se expande. Se mais negócios são abertos e mais prédios são construídos, há mais vagas de trabalho. A empregada doméstica pode dar adeus à patroa que a trata mal e virar vendedora de sapatos num shopping. A vendedora de sapatos vira secretária executiva. Uma construtora avisa os mestres de obras que aceita contratar por 1.800 reais; outra, por 2.200 reais; uma terceira já arredonda para 2.500 reais. Quanto maior a alta do PIB, mais a lei da oferta e da procura favorece os empregados.

O mais intrigante dessa história toda é o seguinte: por que os sindicatos, a Central Única dos Trabalhadores (CUT), os intelectuais que lutam por um mundo melhor e os ativistas que dizem defender os pobres desprezam as duas forças que mais elevam salários? Nenhum blogueiro de esquerda sai histérico pela internet reclamando que o PIB cresceu só 0,1% no semestre e que isso é terrível para os trabalhadores; a CUT jamais fechou a Paulista ou invadiu ministérios exigindo aumento da produtividade no Brasil.

E olha que há um bocado de más notícias nesses dois assuntos. Depois de flamejar entre 2005 e 2012, a economia brasileira se apagou. Notícias decepcionantes sobre o PIB apareceram nos jornais sem que nenhum dos supostos defensores dos pobres lamentasse.

Sobre a produtividade, o noticiário também não costuma ser dos mais empolgantes. O Brasil estava em 56º lugar no ranking de produtividade do Fórum Econômico Mundial de 2013, oito lugares atrás da posição de 2012. A produtividade dos brasileiros está patinando há trinta anos. Encolheu 1,35% ao ano na década de 1980 e mais um 1% ao ano na década de 1990. Só cresceu nos anos 2000, mas devagar – em média 0,9% ao ano. A da Coreia do Sul, que em 1960 era menor que a brasileira, hoje é quatro vezes maior. A China, um décimo menos produtiva que o Brasil em 1970, deve nos deixar para trás em breve.

Brasília costuma dar de ombros a quase tudo que aumenta a produtividade de um país: educação, infraestrutura, acesso a inovação e tecnologia e facilidade de fazer negócios. O pescador de lambari citado neste capítulo, por exemplo, teria uma vida muito mais fácil se fizesse um curso avançado de pesca em rios, se tivesse um barco, talvez um sonar para encontrar cardumes, e se a estrada para o rio não fosse esburacada e congestionada. Mas a educação pública e a infraestrutura são uma lástima, o governo impõe barreiras e taxas para a importação de máquinas e equipamentos e exige uma burocracia imensa para quem quiser manter uma empresa ou contratar funcionários.

**ENQUANTO A PRODUTIVIDADE PATINA NO BRASIL, OUTROS PAÍSES AVANÇAM**

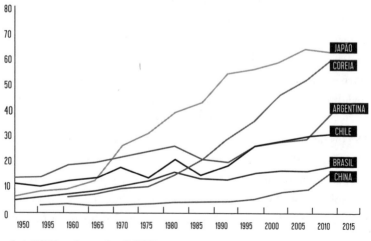

Fonte: SAE / PR com base em Penn World Tables.

É como se o pescador de lambari, depois de gastar o dia na beira do rio, ainda tivesse que preencher uma papelada imensa para transportar e vender o único peixe que obteve. "Horas e mais horas de trabalho são utilizadas em tarefas que pouco adicionam ao produto final, contribuindo para a redução geral da produtividade da economia brasileira", afirma o economista Pedro Cavalcanti Ferreira.[20]

Sem abrir a boca em defesa da produtividade e do crescimento da economia, os sindicalistas agem como um ativista do meio ambiente que não liga para o extermínio do mico-leão-dourado. Ou como uma feminista que fica indiferente ao ouvir que lugar de mulher é na cozinha.

Dá para entender o desprezo pela produtividade e pelo crescimento da economia. Admitir a importância dessas duas forças nos salários implicaria reconhecer verdades dolorosas. A primeira é que eles (os sindicalistas, os movimentos sociais, os ativistas que dizem defender os pobres, enfim, os bons-moços em geral) são pouco relevantes na luta dos empregados por um salário e um trabalho melhor.

A segunda é que um bom jeito de ajudar os pobres é facilitando a vida de empresários e homens de negócio. Se o crescimento da economia ajuda os pobres e os trabalhadores, isso se deve a seus protagonistas, ou seja, os homens de negócio, alguns deles ricos, quase todos interessados somente em botar dinheiro no bolso. Mas sindicalistas e intelectuais jamais ficariam do mesmo lado que homens de negócio. Preferem ficar do lado da ideologia. O que me faz acreditar que eles são movidos por um ressentimento, um desejo de vingança contra os ricos, e não por uma vontade genuína de ajudar os trabalhadores.

Muita gente acredita que a vida dos trabalhadores só melhora se movimentos sociais tomarem as ruas "exigindo melhores salários e justiça social contra a ganância dos patrões e a crueldade do capitalismo". Quem pensa assim precisa explicar uma coisa: como e por que as diaristas e empregadas domésticas tiveram tanto aumento de salário nos anos 2000?

# COMO EXPLICAR O SALÁRIO MAIOR DAS EMPREGADAS DOMÉSTICAS

Não há notícia de grandes protestos de diaristas exigindo reajustes nesse período; não houve greves nem abaixo-assinados na internet por melhores condições para as empregadas. Na verdade, a categoria é uma das mais desmobilizadas – é difícil achar uma empregada ou diarista filiada a algum sindicato.

No entanto, poucos profissionais tiveram tanto aumento de salário nos anos 2000 quanto as empregadas domésticas. Em dez anos, o salário real (descontada a inflação) quase dobrou:

EVOLUÇÃO DO SALÁRIO REAL DAS EMPREGADAS DOMÉSTICAS ENTRE 2002 E 2015

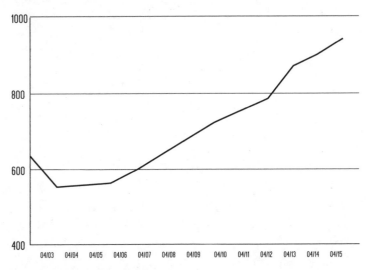

Fonte: Pesquisa Mensal de Emprego – IBGE.

*PIB em alta, salário das domésticas em alta.*
*PIB em baixa, salário das empregadas em baixa.*

A explicação para essa excelente notícia é a lei da oferta e da procura. De um lado, havia menos gente disponível para trabalhar na casa dos outros (como já contei no capítulo "Cem milhões de pobres a menos"). Do outro lado, com o aumento do poder aquisitivo da classe média causado pelo crescimento da economia, havia mais gente disposta a pagar para ter a casa limpa. Entre 2005 e 2012, a economia brasileira cresceu em média 3,9% ao ano. O salário das domésticas acompanhou a alta da economia – e também patinou quando a economia desandou, a partir de 2013

O caso das empregadas domésticas é o exemplo mais nítido de que não é preciso leis ou controles de preços para se elevar os salários.

# A IRRELEVÂNCIA DOS SINDICATOS

EM MAIO DE 2018, UMA GREVE ASSOMBROU O BRASIL. Caminhoneiros bloquearam as principais estradas do país e exigiram que o governo federal criasse uma tabela com valores mínimos para o frete e deixasse de reajustar o litro do diesel. Por falta de combustível e de transporte, houve uma enorme crise de abastecimento. Sessenta e quatro milhões de aves morreram por falta de ração; toneladas de carne foram descartadas por falta de espaço para armazená-las. Voos foram cancelados, supermercados ficaram sem comida e postos, sem gasolina. Em pânico, o governo Temer não teve alternativa senão ceder à pressão dos caminhoneiros.

Havia nesse movimento uma particularidade. Os líderes dos caminhoneiros não representavam nenhum sindicato ou associação de trabalhadores, pelo contrário. Num protesto anterior, de 2015, um deles disse em entrevistas que "abomina sindicato, associação, federação, confederação. Esses segmentos tentaram nos representar nas últimas décadas e nunca resolveram nossos problemas".[1]

Veja só que curioso. Poucos sindicatos do mundo são tão protegidos quanto os brasileiros. Até a reforma trabalhista de 2017, a lei estabelecia uma contribuição obrigatória dos trabalhadores – cada brasileiro com carteira assinada era obrigado a pagar o valor equivalente a um dia de trabalho ao sindicato da sua categoria. Ao todo, 3 bilhões de reais caíam todos os anos na conta de sindicatos, confederações e centrais sindicais.

A reforma não mexeu na unicidade sindical – a regra estabelecida pela Constituição que permite só um sindicato oficial por categoria profissional em um município. Por isso os sindicatos tampouco precisam se preocupar com concorrentes. A unicidade sindical surgiu em 1931, com uma lei de Getúlio Vargas inspirada na Carta del Lavoro, da Itália de Mussolini, e foi confirmada pela Constituição de 1988. Essa regra contraria a Convenção 87 da Organização Internacional do Trabalho, que prevê liberdade de escolher e contribuir para o sindicato que o trabalhador preferir.

E, apesar de tanto privilégio, os sindicatos brasileiros não representam os trabalhadores. O país tem sindicatos demais, mas sindicatos fracos, sem filiados, sem influência ou poder de barganha. Os caminhoneiros, uma das categorias com maior massa de trabalhadores no país, conseguem parar o Brasil independente do sindicato para o qual contribuem.

Eu disse acima "apesar de todos os privilégios", mas talvez o correto seja "justamente por causa desses privilégios". Nos países com liberdade sindical, onde o trabalhador pode escolher a associação que preferir e decidir se quer contribuir e com quanto, os sindicatos precisam ralar para conquistar associados. Organizam convênios, oferecem descontos em universidades, empréstimos a juros mais baixos e seguro em caso de acidentes, têm piscinas, clubes, academias, anunciam na TV e, o principal, representam os trabalhadores.

Na Dinamarca (um dos países com menos leis trabalhistas no mundo), os sindicatos se encarregam da seguridade social dos empregados. O 3F, maior sindicato dinamarquês, oferece a quem optar por se associar ajuda financeira em caso de acidente de trabalho ou greves, seguro-desemprego se a empresa empregadora quebrar, aconselhamento para mudança de carreira, tratamento dentário, assessoria jurídica e psicoterapia. Um 0800 atende os associados 24 horas por dia. A Nova Zelândia tem exemplos parecidos. O NZ Dairy Workers Union assegura (para o filiado e a sua família) plano de saúde, bolsas de estudo, auxílio-funeral e contra acidentes, além de uma espécie de FGTS voluntário, caso o trabalhador fique inválido ou seja demitido. A falta de dinheiro, como mostram esses exemplos pelo mundo, torna os sindicatos ativos e relevantes.

No Brasil, ainda não existe esse esforço para conquistar filiados. Como em qualquer monopólio estabelecido pela lei, os sindicatos decepcionam quem deveriam conquistar. Sem concorrência, são tomados pela preguiça e pela irrelevância. Quando o imposto sindical estava em vigor, o diretor sabia que haveria dinheiro pingando no caixa mesmo se ele ignorasse os associados.

Sobrou aos sindicatos apenas a função cartorial da rescisão de contrato e a luta partidária, a favor daqueles que lhes garantem tantos privilégios. Sem precisar se preocupar com os associados, os sindicalistas se preocupam consigo mesmo, utilizando o sindicato como máquina de campanha eleitoral. Às vezes, agem a serviço dos patrões, sabotando greves e protestos dos funcionários. Há também a suspeita de que sindicatos e federações praticam a pura extorsão. Durante as investigações da Operação Lava Jato, o empresário Ricardo Pessoa, da UTC, contou ter dado 500 mil reais para a Força Sindical com o objetivo de evitar greves em sua empresa.

Em 2015, havia 4 mil investigações abertas sobre corrupção nos sindicatos. Escândalos de dirigentes embolsando o dinheiro dos trabalhadores aparecem todo mês no noticiário. Um deles envolve o Sindicato dos Empregados no Comércio do Rio de Janeiro. A entidade teve o mesmo presidente por quarenta anos – quando ele morreu, o controle passou para o filho. Quinze pessoas da mesma família eram funcionários-fantasmas, com salários de 10 mil a 60 mil reais. Segundo a justiça, a família chegou a desviar 100 milhões de reais.[2]

Como o governo admite um sindicato por categoria no mesmo território, milhares de entidades brotaram nas cidades.[3] Em 2014, o Brasil era um dos países com mais organizações desse tipo – tinha mais de 15 mil delas.[4] Existe até um sindicato de trabalhadores de sindicatos – o Sindicato dos Empregados em

Entidades Sindicais (Sinddossind). Uma comparação com outras nações mostra como o sindicalismo no Brasil é uma maluquice:

| PAÍS | NÚMERO DE SINDICATOS |
|---|---|
| Reino Unido | 168 |
| Dinamarca | 164 |
| Argentina | 91 |
| Brasil | 15.007 |

O único país com mais sindicatos que o Brasil é o Japão, com 43 mil grupos. É que a estrutura sindical lá é diferente: as entidades reúnem empregados da mesma empresa e não do mesmo setor. Por isso, cada empresa de médio ou grande porte tem sua própria representação.

Apesar de tantas organizações, a taxa de sindicalização no Brasil é uma das menores do mundo. Na Dinamarca ou na Suécia, três quartos dos trabalhadores são filiados a sindicatos. Dos quase 100 milhões de trabalhadores brasileiros (entre formais e informais), 4,8 milhões são filiados, segundo o Ministério do Trabalho. Uma pesquisa da Prefeitura de São Paulo realizada em 2017 perguntou aos servidores municipais se eles se sentiam representados pelo sindicato de sua categoria. Na média, só 25% responderam "sim". Entre os guardas municipais, apenas 14% se sentiam representados; entre os funcionários de nível médio, 12%. Os professores foram os que se mostraram mais contentes. Mas mesmo entre eles, 44% (menos que a maioria) acham que o sindicato representa o trabalhador.

A lei criada para proteger os sindicatos acabou por sabotá-los, transformando-os em monopólios ineficientes. Sindicalistas costumam desprezar as forças do mercado. Mal sabem que eles próprios, queiram ou não, estão sujeitos às leis econômicas.

# POR QUE AS MULHERES GANHAM MENOS QUE OS HOMENS

Todo mundo que quer dar uma de bom-moço diante das câmeras lamenta que as mulheres ganhem menos que os homens, e diz que é urgente acabar com a discriminação no mercado de trabalho. "A discrepância é um escândalo", disse o papa Francisco com cara de indignado. "Se for pela vontade espontânea, ou pela consciência, demoraremos mais oitenta, cem ou duzentos anos para atingir a igualdade", afirmou a representante no Brasil da ONU Mulheres. Atendendo a exigências como essa, os parlamentares, que têm por vocação dar uma de bons-moços para as câmeras, aprovaram em 2012 uma lei, nunca sancionada pela presidente Dilma, determinando multas a empresas que pagarem a mulheres salários menores que para homens no mesmo cargo.

A ideia da discriminação de salários esbarra num problema fundamental. Se as mulheres de fato ganhassem menos que os homens para fazer a mesma coisa, os empresários, que antes de tudo pensam em dinheiro, só contratariam mulheres. Diante de dois candidatos com mesmo potencial, o patrão... deixa eu pensar... acho que ele... hum... contrataria o mais barato, claro! Mas o que ocorre é o contrário: os homens ainda são maioria (56%).[1] Portanto tem alguma coisa errada aí. Ou os donos de empresas são tapados, e ligam mais para o machismo que para o lucro, ou as mulheres não ganham 30% menos que os homens.

Quer dizer, elas ganham menos, sim. No Brasil, nos Estados Unidos ou no Butão, as mulheres ganham entre 15% e 30% menos. Mas não é para o mesmo trabalho nem para a mesma quantidade de horas ou tempo de experiência. Não é uma conspiração mundial masculina que gera uma média salarial maior para homens, e sim diferenças das preferências e características das pessoas – o que os economistas chamam de "diferenças de produtividade e capital humano". Principalmente estas quatro:

# 1. O TEMPO DE TRABALHO É DIFERENTE

Os homens trabalham 41,8 horas por semana; as mulheres 37,3 horas, em média. Só isso explica doze pontos percentuais da diferença de salários.[2]

# 2. PROFISSÕES COM MAIS MULHERES COSTUMAM TER SALÁRIO MENOR

Há mais mulheres em profissões que pagam menos e mais homens nas mais bem remuneradas. As mulheres ocupam 73% das vagas de recursos humanos e 62% de educação, mas são só 20% dos engenheiros e 16% dos especialistas em tecnologia. A diferença se repete em todos os níveis de escolaridade. Em 2015, empregadas domésticas ganharam em média 921 reais por mês; pedreiros ficaram com 1.908.

Também é assim na medicina. As três especialidades médicas com maior salário em 2012 foram cirurgia plástica (18.564 reais), cirurgia geral (15.975 reais) e ortopedia (14.353 reais).[3] Adivinha só: essas três especialidades são dominadas por homens. Eles são 80% dos cirurgiões plásticos, 84% dos cirurgiões e 95% dos ortopedistas, de acordo com o Censo Médico.[4] Já as mulheres preferem especialidades nas quais o salário não é tão alto. Elas são 73% das dermatologistas (salário médio de 9.058 reais) e 70% das pediatras (6.940 reais). Para eliminar essa desigualdade de salários, seria preciso pagar o mesmo para todos os médicos do país, sem ligar para a especialidade de cada um.

Por que as profissões com mais mulheres são, em geral, menos remuneradas? Dá para entender por que dermatologistas ganham menos que cirurgiões, mas por que professoras e diretoras de RH têm salário menor que engenheiros? A lei da oferta e da procura pode ajudar. Entre 1976 e 2011, as mulheres economicamente ativas passaram de 28,8% para 46,1%.[5] Milhões de mulheres saíram de casa em busca de emprego. Nas profissões que as mulheres preferem, a oferta de funcionários aumentou mais rápido que a demanda. "Em outras palavras, a desigualdade de salários se manteve constante não apesar da, mas por causa da maior participação de mulheres no mercado de trabalho", diz a economista Claudia Goldin, de Harvard.

## 3. OS HOMENS SÃO MAIORIA EM PROFISSÕES MAIS PERIGOSAS, MENOS AGRADÁVEIS E QUE EXIGEM MAIS ESFORÇO E DEDICAÇÃO

O que você prefere: desentupir um esgoto ou atender ao telefone? Talvez a primeira atividade seja melhor dependendo de quanto pagam a mais para desempenhá-la. Profissões assim, em que um salário maior compensa condições desagradáveis, são em geral masculinas (com exceção do serviço doméstico). Os homens são maioria entre caminhoneiros, limpadores de vidros de prédios, desentupidores de esgoto, garis, lixeiros e coveiros, enquanto as mulheres são maioria entre as secretárias. Não à toa, os homens são 70% das vítimas de acidentes de trabalho no Brasil.[6] Uma igualdade de salários entre homens e mulheres exigiria que mais mulheres ingressassem em profissões arriscadas e desagradáveis.

NÚMERO DE ACIDENTES DE TRABALHO, POR GÊNERO – BRASIL, 1999 A 2006

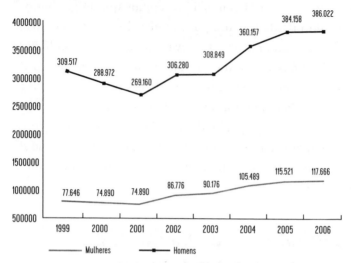

Fonte: MPS, Anuário Estatístico da Previdência Social. Elaboração CAT.

Também é assim em profissões bem remuneradas em escritórios de advocacia e bancos de investimentos. Como exigem dedicação exclusiva e às vezes muitas horas extras, esses setores (que oferecem alguns dos salários mais altos do mercado) nem sempre se encaixam com quem quer (ou precisa) de tempo livre para cuidar dos filhos.

# 4. HOMENS TÊM, EM MÉDIA, MAIS TEMPO DE EXPERIÊNCIA

Pouca gente discorda que pessoas mais experientes devem ganhar mais. Pois os brasileiros estão no mesmo emprego, em média, há 6,2 anos; as brasileiras, há 5,5 anos.[7] Um dos motivos dessa experiência menor é a própria emancipação feminina. Como a emancipação ainda é recente, as mulheres têm, em média, menos experiência.

Num país onde babás ganham bem e o salário-mínimo é alto, um casal de jovens enfrenta um dilema. Se tiverem um filho (e se não houver uma avó por perto para dar uma ajuda), terão que deixar a criança oito horas por dia na creche ou decidir qual dos dois deixará de trabalhar.

Quando o casal é formado por jovens graduados, o dilema tem um toque mais amargo. Significa que alguém vai desperdiçar diversos anos de estudo para ficar em casa. Tradicionalmente, quem desiste do trabalho é a mulher.

## COMO OS IMIGRANTES POBRES EMANCIPAM AS MULHERES

Uma forma de resolver esse impasse é abrir as fronteiras do país para imigrantes pobres que aceitem ganhar pouco. Se o salário de uma babá cabe no orçamento do casal, a esposa passa a ter a opção de trabalhar fora. "A presença de imigrantes pouco qualificados é especialmente vantajosa para mulheres, porque torna possível a elas dedicar mais tempo a tarefas não domésticas, aumentando a participação feminina na força de trabalho", diz a analista política Shikha Dalmia.[8] O imigrante se dá bem, pois arranja um emprego muito melhor que no país de origem; e a mulher se dá bem, pois pode aplicar sua formação numa tarefa mais produtiva. A chegada de multidões de imigrantes pobres facilita a emancipação das mulheres nativas.

Até mesmo o país que recebe os imigrantes se dá bem, pois a imigração libera mulheres escolarizadas para a força de trabalho. "Imigrantes pouco qualificados indiretamente contribuem para o aumento de produtividade ao elevar a oferta de trabalhadores altamente qualificados", diz o economista Gordon Hanson, da Universidade da Califórnia.[9]

Outro motivo para um rendimento menor é que as mulheres interrompem a carreira com mais frequência que os homens. Por causa dos filhos, a probabilidade de uma funcionária interromper a carreira no próximo ano é de 35%; entre os homens, somente 14,7%. Quem sai de um emprego nem sempre consegue o mesmo salário quando volta.

Essas diferenças de capital humano e de preferências profissionais podem ser resultado de uma discriminação social. Se a mulher cresceu ouvindo que seu lugar é na cozinha, e se o marido se nega a trocar a fralda da criança, é natural demorar mais a entrar no mercado de trabalho ou pedir demissão para cuidar das crianças. Que as mulheres ficam com a maior parte do serviço de casa é fato: elas gastam 15,7 horas por semana com serviços domésticos; os homens apenas 4,6.[10] Não dá para ter certeza de que a raiz disso é o machismo – talvez muitas mulheres acreditem que acompanhar o crescimento dos filhos é mais importante que exercer o cargo de gerente na firma. Por exemplo, uma pesquisa da Whirlpool, dona das fábricas de geladeiras Brastemp e Consul, concluiu que, das brasileiras que trabalham na empresa, apenas 19% sonham ser diretoras, enquanto 32% dos homens têm esse objetivo. Mas se a origem for discriminação, trata-se de uma discriminação social (em casa, na escola) e não uma discriminação do mercado. Nas empresas, a vontade do patrão de contratar o melhor funcionário pelo menor preço é um remédio natural contra a discriminação.

Em 2015, a Fundação de Economia e Estatística (FEE), do governo do Rio Grande do Sul, publicou um estudo baseado em dados de salários de mais de 100 mil brasileiros. A conclusão foi que os homens ganham 20% mais que as mulheres – porém, treze pontos percentuais são explicados pelas causas acima, as diferenças de capital humano e produtividade. Ou seja: mesmo que homens e mulheres trabalhassem pelo mesmo tempo, na mesma profissão e tendo a mesma experiência, ainda assim as mulheres ganhariam sete pontos percentuais menos. O que explica essa diferença residual? Os pesquisadores não sabem. Pode ser machismo ou preconceito, pode ser outra diferença de produtividade ainda não descoberta. O que se pode afirmar é que o machismo reduziria o salário das mulheres em, no máximo, sete pontos percentuais.

A pesquisa gaúcha foi uma entre tantas que, nas últimas décadas, derrubou o mito de que as mulheres ganham 30% menos que os homens desempenhando as mesmas tarefas. O assunto já tem idade: qualquer livro-texto de economia geral ou economia do trabalho explica que o salário menor é causado pela menor experiência, menos horas de trabalho e diferenças da escolha profissional. Mas esse é um daqueles "mitos erva daninha": não adianta cortar, ele renasce e se alastra sem controle. Pode esperar pelo próximo 8 de março, Dia Internacional da Mulher. Diante das câmeras, alguém com cara de bom-moço vai ignorar as estatísticas e dizer que está indignado com o fato de as mulheres ganharem 30% menos que os homens para fazer o mesmo trabalho.

# MUITO ALÉM DA PETROBRAS

**Este capítulo fala sobre privatização, mas tem muito pouco sobre a privatização de empresas estatais.** Os brasileiros já passaram um bom tempo discutindo a venda da Vale do Rio Doce, dos bancos estaduais, da Telebras e da Petrobras. Todos os argumentos dessa velha polêmica já foram apresentados, requentados e mastigados. Por isso, tomei a liberdade de pular para outro assunto. O tema aqui é a privatização do serviço público e dos bens comuns. Privatizar a Petrobras é coisa do passado (ou que, pelo menos, já deveria ter acontecido no passado). Agora é hora de discutir a privatização de florestas, museus, escolas, universidades, hospitais, animais silvestres e, antes que os peixes acabem, do mar.

# POR QUE PRIVATIZAR O AR, O MAR, AS FLORESTAS E OS ANIMAIS EM EXTINÇÃO

Uma ideia simples, com um imenso poder explicativo, é a seguinte: "As pessoas raramente agem individualmente como seria melhor para elas coletivamente".[1]

Considere o caso de uma revolução contra um governo tirano. Para se livrarem do ditador, todos os cidadãos descontentes deveriam participar da resistência. Só que isso tem um preço. É preciso deixar de trabalhar para passar a tarde jogando pedras na polícia. Há o perigo de ser preso e torturado pelos agentes da repressão. Para o indivíduo, a alternativa economicamente mais vantajosa é que todos participem da resistência – menos ele, que ficaria em casa comendo pipoca e assistindo aos protestos pela TV. Se a revolução for bem-sucedida, todos colherão os frutos, até mesmo quem não contribuiu para ela. Se for malsucedida, só os que participaram dela serão perseguidos.[2]

Também é assim com o uso de água num condomínio sem registros individuais. Para economizar água e ter uma conta menor no fim do mês, seria bom que todos os moradores do prédio tomassem banhos curtos. Para o indivíduo, porém, bom mesmo é se todos economizarem, menos ele. No fim do mês, a conta viria baixa, e o sujeito que tomou banhos de quarenta minutos pagaria o mesmo que os vizinhos conscientes.

Muitos exemplos da lógica da ação coletiva vêm da natureza, como os cardumes nos oceanos. Para um pescador em particular, a melhor situação é aquela em que todos os pescadores, menos ele, deixam de pescar em períodos de desova e evitam capturar filhotes. Se somente o pescador desobedecer às regras, sua ação isolada não causará um dano relevante à reprodução dos peixes, e assim ele vai se beneficiar da preservação mesmo sem ter cooperado com ela.

Revoluções contra governos tiranos, consumo de água em condomínios sem registros individuais e cardumes nos oceanos são exemplos do que os economistas chamam de *commons*, os recursos comuns ou bens coletivos que todos podem usufruir. É difícil excluir alguém do acesso a esses bens e saber quem contribui para sua preservação.

Em casos assim, um desfecho frequente é a "tragédia dos comuns". Os caroneiros, aqueles que se beneficiaram do recurso sem ter contribuído para ele, acabam minando a cooperação. Mesmo o indivíduo mais consciente não coopera, pois suspeita que os outros tampouco vão cooperar. Não quer pagar o pato sozinho por algo que todos desfrutarão. Sem garantia de participação, pouca gente se revolta contra o tirano – esse é um dos motivos pelos quais ditaduras, mesmo aquelas que arruinaram um país, levam décadas para cair. No condomínio de água coletiva, o consumo é bem maior que onde há registros individuais. No mar, os peixes desaparecem.

Dois estudiosos, Ronald Coase e Elinor Ostrom, ganharam o Prêmio Nobel de Economia ao descobrir modos de evitar a tragédia dos comuns. Os dois partiram do mesmo diagnóstico: o problema nasce com a falta de direitos de propriedade. A sugestão do inglês Ronald Coase é dar um jeito de criar títulos de propriedade dos bens coletivos. Se cada pessoa é dona de uma parte dos recursos, eles são mais bem preservados. A ideia de Coase inspirou, por exemplo, o mercado de carbono, que permite a empresas poluidoras comprarem de não poluidores o direito de poluir, financiando atividades de preservação na natureza, como o reflorestamento. Outro nome para o mercado de carbono é "privatização e comércio do ar".

Um mercado parecido está surgindo para preservar os peixes marinhos. Nos anos 1970, a Islândia foi o primeiro país a criar cotas de direitos de pesca, que poderiam ser transferidas ou vendidas entre os pescadores. É como o mercado de carbono. Cada um tem direito de pescar uma certa quantidade; se não usou a cota inteiramente, pode vendê-la a quem já estourou a sua. Sistemas assim existem nos Estados Unidos, no Canadá, no Chile e em quase todos os países europeus. Não são garantia de solução total para o problema, mas costumam funcionar melhor que a simples proibição.

Única mulher a levar o Nobel de Economia, Elinor Ostrom propôs evitar a tragédia dos comuns com soluções locais. Para ela, é preciso deixar o governo longe e permitir que comunidades se apropriem dos bens, criem regras de exploração, fiscalizem o cumprimento e imponham penas para quem não cooperar. "Quando as regras vêm de uma autoridade distante e são as mesmas para uma região muito grande, é pouco provável que tenham êxito", disse ela.

A África é o melhor lugar para testar iniciativas que seguiram ou ignoraram as recomendações de Elinor Ostrom e Ronald Coase. Rinocerontes e elefantes sofrem mais ameaças justamente nos países africanos onde leis impedem a posse dos animais, proíbem caçadas e o comércio de marfim. Por outro lado, esses animais estão se reproduzindo com rapidez onde são propriedade privada e a lei permite que sejam caçados. No Quênia, a caça de elefantes e rinocerontes foi proibida em 1977. Ao proibir o lucro sobre os animais, a lei tirou o incentivo para a criação e a preservação deles. A população de elefantes caiu de 167 mil em 1973 para 16 mil em 1989. No Zimbábue, ocorreu o contrário. Em 1989, um programa transferiu para as comunidades locais o controle (e o lucro) sobre a vida selvagem, e estabeleceu cotas de caça. Como alguns milionários estão dispostos a pagar um bom dinheiro para caçar elefantes, preservá-los se tornou lucrativo para as comunidades. Entre 1989 e 2005, a população de elefantes no Zimbábue passou de 37 mil para 85 mil.[3]

O Brasil está no meio do caminho. Uma lei de 1967 determina que os animais silvestres "são propriedades do Estado, sendo proibida a sua utilização, perseguição, destruição, caça ou apanha". O que é de todos não é de ninguém: quem mora perto de florestas não tem incentivo econômico (só moral) para cuidar dos animais. A lei até permite a "construção de criadouros destinados à criação de animais silvestres para fins econômicos e industriais", mas, na prática, o Ibama demora cerca de cinco anos para conceder uma licença aos criadouros. É o melhor incentivo ao comércio clandestino que se pode imaginar. É assim que o Ibama, um instituto responsável pela preservação de espécies, dificulta a reprodução de animais em extinção no Brasil.

Mas há boas notícias. Uma delas é a privatização da Floresta Amazônica. Em 2008, o presidente Lula vendeu concessões de

220 mil hectares de floresta em Rondônia. Os novos proprietários da floresta precisam seguir as regras de manejo sustentável, que prevê um limite de corte de árvores por hectare a cada década. Para quem se preocupa com a preservação da Amazônia, a privatização é um alívio, pois muitas das áreas mais devastadas são aquelas que não pertencem a ninguém – ou melhor, que pertencem a todos.

Na faixa marítima brasileira, a privatização acontece de um jeito mais direto. Pescadores estão cercando áreas e se declarando donos do pedaço. Parece absurdo, mas isso já vem acontecendo por todo o litoral brasileiro – no Paraná, em Santa Catarina, na Bahia ou no Ceará. Em vez de ir atrás de peixes e camarões, pescadores estão se tornando criadores – "piscicultores marinhos". Cercam uma área, a isolam com redes e montam ali a pequena fazenda. Há nessa técnica um problema fundamental de direito de propriedade. Se o mar é público, o que impediria uma pessoa de invadir o local e pegar todos os peixes dali? No papel, as áreas deveriam ser concedidas aos criadores por meio de licitações. Na prática, como o filósofo John Locke bem teorizou, os moradores entendem que o território pertence a quem investiu seu trabalho nele.

Eu sei, falo em privatização do mar e você já pensa que será o fim de praias e águas abertas a todos. Não é preciso ir tão longe: há mar suficiente para praias públicas e cativeiros privados. Mas quanto mais privatização, melhor. Pois o mar é um exemplo perfeito de recurso comum sujeito a ação predatória. É impossível fiscalizar a ação de todos os cidadãos de todos os países. Diante de um recurso tão gigantesco, o indivíduo não acredita que sua ação poderá mudar alguma coisa. Seria bom que todos os habitantes do mundo se conscientizassem e preservassem os oceanos. Mas isso é esperar que as pessoas se comportem como santos. A economia lida com pessoas reais.

# MUSEUS

O que você faria se uma pessoa tocasse a campainha da sua casa, se apresentasse e lhe oferecesse 20 reais para que você a deixasse lavar a louça da cozinha? Eu ficaria espantado com o pedido, mas, considerando que a montanha de louças sujas na pia já está provocando desabamentos, e considerando que com 20 reais dá para comprar 20 pacotes de figurinhas dos Minions, o que asseguraria a felicidade do meu filho por uma semana inteira, eu não pensaria duas vezes: é claro que deixaria a pessoa me pagar para lavar a minha louça. E se ela quisesse também passar um pano no chão e esfregar o mofo do rejuntamento do banheiro, que ficasse à vontade.

Uma situação esquisita como essa acontece com os museus públicos brasileiros. Muitas empresas se interessariam em assumir a gestão dos museus. Para aumentar o número de visitantes e os lucros, elas renovariam o acervo, investiriam em publicidade, organizariam cursos culturais e exposições temporárias. Livrariam o Estado de uma de suas obrigações e, ao pagar impostos, ainda dariam a ele um dinheiro extra.

Difícil recusar uma oferta dessas. Mais difícil ainda quando notamos que os governos tratam os museus como louça suja. Segundo o Ministério da Cultura, mais de 60% não têm equipamento de controle climático para preservar o acervo. Apenas 22% dos museus têm um plano de retirada de obras em caso de incêndio. E só um quarto deles tem vaso sanitário adaptado para deficientes. O Museu do Ipiranga, um dos principais do país, fechou em 2013 porque o edifício estava caindo aos pedaços. Literalmente: partes do teto ameaçavam desabar sobre os visitantes e sobre as obras. O museu só deve voltar ao pleno funcionamento em 2022, para o Bicentenário da Independência. Até lá, os paulistas pagam por um serviço que não podem usar. A reforma do Museu do Ipiranga vai custar pelo menos 21 milhões de reais. A Universidade de São Paulo, que mantém o museu, gasta 172 mil reais por mês só com a locação de sete casas para abrigar o acervo durante a reforma.

Há muitos exemplos assim. Na Bahia, o Museu de Ciência e Tecnologia está fechado há vinte anos; hoje parece mais um ferro-velho. O planetário do Ibirapuera, em São Paulo, já não tem funcionários. "Está fechado há tanto tempo que o pessoal se dispersou", diz o diretor.[4] O Museu Nacional, inaugurado em 1818 por dom João VI, passou alguns dias fechado em 2015 porque não havia dinheiro para pagar a empresa responsável pela limpeza. Dependente do orçamento da UFRJ, não tinha um sistema mínimo de segurança contra incêndios quando foi destruído pelo fogo em setembro de 2018. Em Natal, dos oito museus da cidade, cinco estavam fechados durante a Copa do Mundo de 2014. Até mesmo a página do Instituto Brasileiro de Museus estava fora do ar enquanto este capítulo estava sendo escrito. Uma mensagem informava que a página estava "em manutenção".

A privatização de museus não é novidade no Brasil. O Masp, principal museu de arte do país, é privado – foi fundado pelo jornalista Assis Chateaubriand em 1947. O Museu da Língua Portuguesa e o Museu do Futebol, dois dos mais visitados de São Paulo, ocupam espaços públicos, mas são geridos por uma organização privada, a ID Brasil Cultura. É difícil de acreditar, mas tem muita gente disposta a lavar a louça do governo.

O discurso nacionalista que se repete hoje sobre a Petrobras – que "o petróleo é nosso", que é questão de soberania nacional e não deve ser entregue aos capitalistas estrangeiros – nasceu com o escritor Monteiro Lobato. Na década de 1930, o pai de Emília e Narizinho mergulhou fundo na obsessão de proteger o petróleo brasileiro contra o que ele chamava de "mãos estrangeiras". Mandou cartas a Getúlio Vargas denunciando "as manobras da Standard Oil para senhorear-se das nossas melhores terras potencialmente petrolíferas" e até escreveu um livro sobre isso – *O escândalo do petróleo*, que foi logo censurado. O escritor insistiu tanto nessas teorias conspiratórias que acabou preso pelo governo de Getúlio, entre março e junho de 1941.

# MONTEIRO LOBATO TENTOU

Mas até Monteiro Lobato falou uma coisa e fez outra.

Antes de contar o que ele fez, é preciso passar por uma aula de português numa escola de ensino médio de Holambra, em São Paulo. Numa manhã de 2002, a professora Kátia Chiaradia falou aos alunos sobre o livro *Emília no país da gramática*, de Monteiro Lobato. A menção chamou a atenção de um aluno, que prometeu levar um presente para a professora. Na semana seguinte, o rapaz apareceu com uma pasta velha e amarelada. Dentro dela havia 113 cartas trocadas pelo bisavô do aluno, o engenheiro suíço Charles Frankie, e o escritor Monteiro Lobato.

As cartas haviam sido escritas entre 1934 e 1937. Na época, Lobato procurava investidores para sua empresa de perfuração de petróleo, a Companhia Petróleos do Brasil. O engenheiro Frankie trabalhava na empresa alemã Piepmeyer & Co., uma possível parceira e financiadora. "Meu empenho nesta questão provém de querer dar a São Paulo a primazia da montagem, com o financiamento alemão, da indústria petrolífera no Brasil", escreveu ele ao engenheiro suíço.[5] Hitler já estava no poder na Alemanha, mas Lobato preferia aliar-se às empresas alemãs que às americanas: "Estando você trabalhando com uma companhia estrangeira, inimiga dos americanos, segue-se que poderemos seguir juntos, já que o inimigo é o mesmo. [...] Façamos obra comum. Se a sua companhia quiser ligar-se conosco, ótimo. Queremos todas as alianças que nos ajudem à vitória".[6]

# ENTREGAR O PETRÓLEO AOS ALEMÃES

O projeto era sensato e honesto: aliar-se a um grupo com dinheiro e conhecimento para viabilizar a exploração de petróleo no Brasil. Mas contradizia as próprias ideias de Monteiro Lobato de evitar que mãos estrangeiras se apoderassem do ouro negro brasileiro.

# ESCOLAS E HOSPITAIS PÚBLICOS

No capítulo "O PT contra o Bolsa Família", afirmei que uma das vantagens do Bolsa Família é ter se baseado na privatização do serviço público. Em vez de criar uma estatal do feijão com arroz, o governo dá o dinheiro para os pobres gastarem em supermercados privados. Imagine só quantos problemas teríamos com a empresa estatal de comida. Provavelmente ela gastaria um belo dinheiro público para oferecer produtos ruins e escassos e ainda seria motivo de escândalos de corrupção. Sabendo que seriam remunerados mesmo que prestassem um serviço ruim e maltratassem os clientes, os funcionários poderiam se dar ao luxo de faltar ao trabalho com frequência e organizar greves de noventa dias.

É esse o problema fundamental de creches, universidades, escolas, hospitais e clínicas públicas. Os funcionários não têm incentivo para inovar, cortar custos, pensar em produtos diferentes. Sabem que continuarão recebendo o salário mesmo que, alegando motivos de saúde, faltem algumas vezes por mês. A pessoa que recebe o serviço de saúde e educação não é a mesma que paga por ele. Os funcionários ganham salário vindo de uma entidade distante, que raramente os fiscaliza. Sabem que nada perderão se decepcionarem os clientes. Pelo contrário: se algum aluno desistir da escola, é um problema a menos para o diretor se preocupar.

Para muita gente, no entanto, é dever do Estado prover educação e saúde aos cidadãos. Como conciliar essa opinião com a constatação de que serviços públicos raramente são bons e baratos? Não é preciso fazer nada, basta comprar feito. Em vez de os governos torrarem bilhões construindo escolas e hospitais ineficientes, que privatizem tudo e transfiram o dinheiro para os cidadãos em forma de vales.

Mais uma vez, a ideia parece estranha, mas não é nenhuma novidade no Brasil. Mesmo governos de esquerda aderiram ao sistema de cupons. É o caso do ProUni e do Fies, programas de financiamento da educação superior. Dos 7 milhões de vagas universitárias do Brasil, mais de 70% são privadas. As universidades federais oferecem cerca de 50 mil novas vagas por ano; em 2015, o ProUni deu 213 mil novas bolsas de estudo (135 mil integrais). O governo federal não faz alarde, mas já privatizou boa parte da educação universitária do Brasil. Agora só falta vender as universidades públicas.

É verdade que está cheio de faculdade privada ruim por aí, enquanto as universidades públicas mantêm alguma qualidade. Parte dessa diferença vem do capital humano. Os brasileiros mais ricos e educados geralmente ingressam em universidades públicas, assegurando o alto nível das discussões e do aprendizado. Além disso, no serviço privado não há um padrão de qualidade. É como no mercado hoteleiro: há hotéis baratos e ruins, caros e bons, caros e ruins, e às vezes há pechinchas de hotéis cinco estrelas. Tomar um exemplo de faculdade privada ruim e usá-lo para retratar todo o sistema privado é como escolher uma espelunca de beira de estrada para dizer que todos os hotéis são péssimos. Há faculdades privadas mequetrefes e outras léguas à frente das públicas.

Em muitos países, o ProUni existe também para a educação básica. Nos Estados Unidos, há 6 mil escolas charter – tocadas por organizações privadas com dinheiro do governo.

O estado de Wisconsin tem o mais antigo sistema de vouchers (vales) para alunos pobres, atingindo um quinto do ensino fundamental. Na maior parte das vezes, o estado ou uma autoridade municipal assinam um contrato com entidades comunitárias e repassam a elas a gestão da escola, reduzindo assim o peso da burocracia. Apesar do caráter comunitário, existem também grandes grupos no setor, como a Kipp (*Knowledge Is Power Program*), uma rede de escolas privadas financiadas com dinheiro público. Na Kipp, 87% dos alunos que se formam chegam à universidade, contra uma média de 45% nas escolas públicas. Segundo estudo da Universidade Stanford, 53% dos alunos de escolas charter são pobres, contra 48% de escolas públicas; e 29% são negros, contra 16% em escolas públicas. Estudantes negros pobres estudando em escolas charter leem, em média, 29 dias a mais por ano que estudantes de escolas públicas tradicionais.[7]

Até mesmo a Suécia, conhecida pelos melhores serviços públicos do mundo, vem aderindo à privatização. Uma em cada oito escolas na Suécia segue o modelo das escolas charter. Na saúde, a Suécia está transferindo para empresas privadas a gestão de hospitais públicos. Um dos exemplos é o hospital Saint Görans, em Estocolmo. O modelo de gestão é privado, mas nada de diferente ocorre em relação ao tratamento. O tratamento de saúde continua sendo custeado pelo governo, após o pagamento de uma taxa pelo serviço (prática comum na Suécia). As mudanças permitiram reduzir o tempo médio de internamento de pacientes para 4,5 dias, contra 5,2 na França e 7,5 na Alemanha. Quem defende hospitais e escolas públicos costuma mostrar o exemplo dos países escandinavos. Pois é hora de se espelhar na Escandinávia e privatizar a saúde e a educação.

# AS TOLICES QUE ELES DISSERAM

A ECONOMIA É UMA CIÊNCIA CHEIA DE DETALHES, DIFICULDADES E CONTROVÉRSIAS, por isso o povo costuma legar os assuntos econômicos aos "especialistas". Mas tem um problema: os especialistas, entre eles grandes gênios da análise financeira e conselheiros de políticos que recebem milhões de votos, também erram. Não só erram como insistem no erro, escorregam no erro e se lambuzam no erro. É possível contar a história recente da economia brasileira por meio das pérolas de políticos, consultores, professores de economia e analistas financeiros.

# MERCADANTE, EM 1986: "O PROBLEMA DA INFLAÇÃO ACABOU"

Em março de 1986, logo depois de o presidente José Sarney implementar o Plano Cruzado e o seu famigerado congelamento de preços, Aloizio Mercadante – então economista da CUT – se desmanchou em elogios. Gravou um vídeo no supermercado mostrando que o tabelamento estava dando certo. "Nós estamos vivendo o Brasil do Cruzado. O Brasil em que a dona de casa, na maioria das vezes, vai fazer compra com uma lista da Sunab, uma lista do governo, que fixou os preços", disse ele num vídeo gravado para a central sindical. Como sempre acontece desde a Roma Antiga, o congelamento de preços tirou o incentivo à produção e provocou desabastecimento. Diante da falta de produtos nas prateleiras, Mercadante inocentou Sarney e culpou inimigos imaginários. "Grandes empresários, diante do congelamento dos preços, estão deixando de produzir alguns produtos, não estão entregando aos fornecedores, para pressionar que os preços voltem a subir."[1] O tabelamento de preços era uma ideia que Mercadante defendeu por um bom tempo. Oito anos depois, ele disse à *Folha de S.Paulo* que o Plano Real daria em água – e que a solução era "o controle de preços dos produtos da cesta básica".[2]

A economista Maria da Conceição Tavares foi outra petista que abraçou o Plano Cruzado. Em março de 1986, ela participou emocionada de um programa da Rede Globo sobre o novo pacote econômico. "Raras vezes na minha vida profissional tive orgulho da minha profissão", disse, entre lágrimas. Mas aquela era uma das vezes. "Eu estou muito contente com uma equipe econômica que redime politicamente o país. Eu acho esse programa um programa sério."[3] A economista do PT aproveitou para convocar o povo e a imprensa a denunciar empresários que reajustassem os preços. Vinte e nove anos depois, ao explicar por que o Cruzado tinha dado errado, Maria da Conceição Tavares ainda culpava os grandes empresários pelo fiasco do plano de Sarney. "As grandes empresas comerciais não cumpriram o plano", afirmou ela em 2015.[4]

"Aparentemente, no Brasil do Cruzado, o problema da inflação acabou", disse Mercadante no vídeo do supermercado em março de 1986. Daquele ano até 1994, a inflação foi de 322.829.174.615%.

# LULA: "O PLANO REAL É ESTELIONATO ELEITORAL"

Não deve ter sido fácil ser Luiz Inácio Lula da Silva em 1994. Desde o impeachment de Collor, em 1992, Lula era o favorito na eleição presidencial. Muitos partidos queriam formar coligações com o PT – entre eles, o PSDB, partido com quem os petistas dividiam palanque e trocavam elogios. Em troca do apoio do PSDB, Lula planejava dar a vaga de vice da sua chapa para Tasso Jereissati e apoiar, em vez de José Dirceu, o tucano Mario Covas na eleição para o governo de São Paulo. "O José Dirceu é um candidato forte, preparado, mas ele tem consciência de que, se houver possibilidade de fazer aliança nacional, nós poderemos rediscutir", disse Lula na *Folha de S.Paulo* de 21 de fevereiro de 1994. Quatro meses antes da eleição, as pesquisas mostravam que Lula tinha 42% das intenções de voto. O terreno para a vitória no primeiro turno estava preparado, mas de repente apareceu uma erva daninha para o PT: o Plano Real. O pior é que o ministro da Fazenda que apresentou a nova moeda, Fernando Henrique Cardoso, já havia anunciado que concorreria à presidência.

A primeira reação de Lula e outros petistas foi considerar o plano um engodo que mostraria sua verdadeira face depois da eleição. Vêm daí previsões deliciosas sobre o fracasso do Plano Real. "Esse plano de estabilização não tem nenhuma novidade em relação aos anteriores", disse Lula já em janeiro daquele ano. "O Plano Real tem cheiro de estelionato eleitoral", disse em julho. Para o cientista político Marco Aurélio Garcia, o Plano Real era como um "relógio Rolex, desses que se compram no Paraguai e têm corda para um dia só [...] a corda poderá durar até o dia 3 de outubro, data do primeiro turno das eleições, ou talvez, se houver segundo turno, até novembro".

A ideia tinha apelo, afinal o Plano Real vinha depois de seis tentativas frustradas de acabar com a inflação. O jornalista Gilberto Dimenstein entrou na onda. "O Plano Real tem uma série de problemas", escreveu ele em julho de 1994. "O principal deles é que não passa de um remendo e, logo depois das eleições, começará a vazar água por vários furos. Está mais habilitado para eleger um candidato do que para acabar definitivamente com a inflação."[5]

Quando o plano se revelou um sucesso, os petistas mudaram de estratégia. Em vez de atacá-lo, passaram a afirmar que a inflação não era o principal problema dos brasileiros. "É preciso acabar com a ilusão de que a queda da inflação resolverá os problemas do país", disse Lula. "O desemprego é pior que a inflação." Não deu certo. Fernando Henrique Cardoso ganhou a eleição de 1994 no primeiro turno. O PT e o PSDB, até então dois partidos amigos, se tornaram os antagonistas da política brasileira.

## WARREN BUFFETT: "O REAL VAI VALER MAIS QUE O DÓLAR"

Diante da disparada do dólar em 2014 e 2015, muita gente lamentou não ter investido na moeda alguns anos antes, quando estava de graça perto do Real. Na visão retrospectiva, é fácil enxergar a melhor decisão, mas na época até mesmo os maiores investidores do mundo apostavam que o dólar cairia ainda mais no Brasil.

Um deles foi o megainvestidor Warren Buffett. No começo de maio de 2008, quando era o homem mais rico do mundo, Buffett profetizou que, em dez anos, um real valeria mais que um dólar. Naquele mês o dólar valia somente 1,66 real, e Buffett achava que ainda estava caro. Em parte ele estava certo, mas só numa pequeniníssima parte. Em 2008 e 2011, o dólar caiu mais – chegou a 1,55 real em julho de 2011. Mas não demorou para a tendência se inverter e a moeda estrangeira deixar o Real para trás. Para fazer justiça com Buffett, é preciso dizer que ele impôs uma condição: o Real valeria mais "se as coisas continuarem no caminho em que estão para os países produtores de matéria-prima". Não foi o que aconteceu. O preço do minério de ferro desmoronou; o Real também.

# RICARDO AMORIM: "O DÓLAR VAI CAIR E A BOLSA CHEGARÁ A 200 MIL PONTOS ATÉ 2015"

Um erro comum de investidores e apostadores é acreditar que, se acertaram no passado, vão continuar acertando com a mesma estratégia no futuro. O economista Ricardo Amorim, conselheiro econômico do programa *Manhattan Connection*, foi uma das vítimas dessa armadilha.

Em 2002, o Brasil estava, mais uma vez, quebrado. Para pagar as contas, o governo Fernando Henrique tomava o terceiro empréstimo do Fundo Monetário Internacional (FMI) em quatro anos. Para piorar, os investidores temiam a vitória de Lula nas pesquisas eleitorais. A cotação do dólar disparou 56% e o índice Bovespa caiu 31% até a véspera do primeiro turno. No meio dessa crise, Ricardo Amorim andou na contramão e previu que, em poucos anos, o dólar cairia pela metade e a Bolsa daria um salto. Acertou no alvo. Só em 2003, o dólar caiu 18% e a Bolsa de São Paulo dobrou de tamanho.

Depois disso, Ricardo Amorim tentou repetir o feito, mas deu tudo errado. Em dezembro de 2009, auge do boom econômico da era Lula, ele disse: "Acredito que veremos, ainda ao longo de 2010, o índice Bovespa se aproximar, ou até ultrapassar, o patamar de 100 mil pontos." Também arranhou uma previsão para 2015: "Aliás, por ora, continuo mantendo a previsão que fiz em outubro de 2008 – quando o índice Bovespa estava em 33 mil pontos –, que até 2015 ele deve chegar ao patamar dos 200 mil pontos." Bem, o Ibovespa de 2010 não passou dos 70 mil pontos; em 2015, a Bolsa havia encolhido para menos de 50 mil pontos.[6]

O economista trombou mais uma vez no mesmo erro, em agosto de 2013. O dólar estava em alta – havia ultrapassado os 2 reais, e muita gente dizia que esse seria um novo patamar da moeda. A essa altura, o mundo já conhecia três forças que empurrariam o dólar para cima: a queda do preço do minério de ferro, as barbeiragens econômicas do governo Dilma e a perspectiva do Banco Central americano de aumentar a taxa de juros. Mesmo assim, Amorim continuou prevendo a queda da moeda. Até aconselhou seus leitores a não comprar dólares. "Não planeje suas viagens, importações e exportações para os próximos anos baseando-se nos atuais patamares do dólar", escreveu ele. "Quem fez isso no final de 2002 ou de 2008, quando o dólar chegou a atingir respectivamente 4 e 2,80 reais, se deu mal. Desta vez, não deve ser diferente."[7]

# BRESSER-PEREIRA: "SEM O TRIPÉ, O BRASIL VAI CRESCER MAIS COM INFLAÇÃO MENOR"

Em setembro de 2011, a presidente Dilma Rousseff anunciou uma mudança radical da política econômica. Até então, a economia brasileira se apoiava no tripé macroeconômico que FHC criara e ao qual Lula deu continuidade. As três pernas eram o regime de metas de inflação, o câmbio flutuante e as metas de superávit (a economia que o governo fazia para, aos poucos, diminuir a sua dívida). Dilma decidiu dar uma rasteira no tripé e apostar numa política de juros baixos (e descuido com a inflação), expansão do crédito (e das contas públicas) e câmbio desvalorizado. Muitos economistas se aterrorizaram com a decisão, pois ela significava o fim do sistema que havia possibilitado a estabilidade e o crescimento do país. Menos o economista Luiz Carlos Bresser-Pereira, que festejou a decisão e a considerou uma declaração de independência. "O Brasil está voltando a se comportar como nação independente ao perceber o equívoco do neoliberalismo", disse ele em um artigo na *Folha de S.Paulo*. Para Bresser-Pereira, se o programa fosse "adotado com firmeza e prudência, o Brasil crescerá a taxas mais elevadas, com maior estabilidade financeira e com a inflação sob controle". Aconteceu exatamente o contrário.[8]

# ANALISTAS, EM CORO: "AS AÇÕES DA VALE VÃO ULTRAPASSAR 70 REAIS"

Quando o ano começa, revistas e portais de notícia costumam entrevistar analistas financeiros e montar listas das ações com maior potencial de crescimento. Em janeiro de 2011, o iG entrevistou oito corretoras da Bolsa de Valores para descobrir quais eram as cinco ações que elas mais recomendavam. "As cinco companhias podem ver suas ações subirem mais de 50%, de agora até o fim do ano, segundo as projeções dos analistas", disse a reportagem.

A mineradora Vale foi a campeã de recomendações. Foi indicada por cinco das oito corretoras consultadas. Na época, o preço da ação ultrapassava 50 reais – e para os analistas poderia ultrapassar os 70 reais, afinal "a relação entre oferta e demanda pelo minério está muito favorável às mineradoras", como disse um analista. Na verdade, justamente por causa do excesso de oferta e falta de demanda, o preço do minério de ferro caiu – e, a partir de 2011, as ações da Vale desceram a ladeira. Fecharam aquele ano valendo 37,82 reais; em 2015 beiraram os 13 reais.

"A OGX, empresa de petróleo e gás do empresário Eike Batista, também foi sugerida por quatro corretoras", informou a reportagem do iG. "Entre os motivos, está a boa imagem de governança que a companhia tem na visão de investidores externos." Valendo 17 reais no dia da recomendação, encerrou o ano a 13.

"As ações da estatal [Petrobras] são recomendadas por quatro analistas, mas desaconselhadas por outros dois. Quem sugere a compra do papel ressalta que o investidor deve pensar no longo prazo e ficar pelo menos três anos com o investimento." A 27 reais no dia da recomendação, encerrou o ano valendo 21. No longo prazo, ficou pior ainda: valia 14,70 reais três anos após a recomendação.

Os analistas recomendaram com menos convicção as ações da CCR Rodovias e do Itaú Unibanco. Que foram justamente as empresas que ficaram estáveis ou perderam pouco naquele ano. Os especialistas ouvidos pelo iG também previram as maiores altas da Bolsa em 2011. Entre elas estavam a Hypermarcas e a construtora PDG, ambas com um potencial de valorização de mais de 50%. Bem, as duas ações caíram mais de 50%, e ficaram entre as maiores quedas daquele ano.

No fim das contas, quem investiu mil reais igualmente nas cinco empresas preferidas pelos analistas, terminou o ano não exatamente feliz. Em dezembro de 2011, os mil reais teriam se transformado em 640 reais.

# EMPIRICUS: "É HORA DE COMPRAR A OGX"

A consultoria Empiricus ganhou fama (e milhares de clientes) ao denunciar os erros da equipe econômica de Dilma e prever, com uma precisão espantosa, a crise que chegaria ao Brasil em 2015. As previsões apocalípticas irritaram muitos simpatizantes do PT, que retrucaram à Empiricus usando apenas três letras: OGX.

Os analistas da Empiricus foram grandes entusiastas da OGX, a petrolífera do (na época) bilionário Eike Batista. Até aí tudo bem, pois houve um tempo em que a empresa foi um sucesso na Bolsa de Valores de São Paulo. Quem investiu mil reais na OGX em novembro de 2008 tinha 8.800 reais dois anos depois. A empresa anunciava prejuízos atrás de prejuízos, mas isso não espantava os investidores. Todos sabiam que a OGX era uma start-up, um negócio que ainda não existia, mas que renderia lucros bilionários assim que as plataformas começassem a extrair petróleo. No entanto, quando brotaram sinais de que a OGX era uma empresa de fachada, boa de mídia mas capenga de petróleo, a Empiricus não quis acreditar. Continuou recomendando a compra das ações da OGX em fevereiro de 2012, pouco antes de as ações caírem 70%. A Empiricus encarou essa queda como uma boa oportunidade para comprar ações da petrolífera, e em julho voltou a recomendar a empresa. A consultoria só deixou de acreditar na petrolífera de Eike Batista em janeiro de 2013.

O erro é comum e compreensível. Se um bem que custa dez de repente aparece por três, temos a sensação de estar diante de uma barganha. Acreditamos que o preço já caiu o suficiente, ou seja, é a hora certa para comprar. O sonho de todo especulador é comprar uma ação no fundo do poço, pouco antes de ela inverter a curva e começar a subir. Por isso é fácil ignorar a possibilidade contrária, de que a ação ainda esteja cara e possa baratear ainda mais. Mesmo em janeiro de 2013, quando nem a Empiricus acreditava mais na OGX, ainda havia gente dizendo que a empresa era a galinha morta da Bolsa. "OGX e OSX, de Eike, de volta às apostas dos investidores", diz uma reportagem de *O Globo* de 27 de janeiro de 2013. "Estamos recomendando a compra das ações da OGX porque elas ficaram baratas. O mercado exagerou na queda e o preço está abaixo do que consideramos justo. Mas é uma compra para o longo prazo."[9]

Naquele 27 de janeiro, as ações da OGX orbitavam em 5 reais. Três meses depois, já haviam caído para 1,50 real. Em julho, a empresa anunciou que não conseguiria tirar petróleo de diversos de seus campos, ou seja, havia investido centenas de milhões de reais num negócio inviável. Em 2015, as ações valiam 3 centavos.

# GUIDO MANTEGA, EM 2014: "VAI QUEBRAR A CARA QUEM APOSTAR NA ALTA DO DÓLAR"

Essa é manjada; todo mundo compartilhou no Facebook. Mas não poderia ficar de fora.

# AUTOSSUFICIÊNCIA É COISA DE POBRE

Os economistas discordam em muitas questões, mas numa delas há um pequeno consenso. O caminho mais rápido, a receita mais certeira para a pobreza é insistir em uma nação autossuficiente.

Antes de despejar argumentos e números a favor dessa tese, proponho outro exercício de imaginação. Suponha que um dia você percebe que cansou. Cansou de tudo. Está exausto do trânsito da cidade e de praça de alimentação do shopping, farto de tantas opiniões histéricas na internet, doido de raiva da síndica, do chefe, da cunhada, do carregador de celular que insiste em sumir, dos jornalistas que escrevem livros de história, do garçom que traz Coca-Cola com gelo e limão, sendo que você pediu expressamente sem gelo e sem limão. Após muita ponderação, você decide dar um basta. Dá uma guinada radical na sua vida. Resolve ir embora da cidade, mudar-se para uma montanha inóspita e viver isolado como um ermitão.

O leitor vende quase tudo o que possui. Leva na bagagem somente o necessário para viver por conta própria: ferramentas para construir móveis e uma casa de madeira, sementes e filhotes que lhe fornecerão alimentos, material de pesca, um tear e artigos de costura para tecer a própria roupa, alguns livros. "A partir de hoje", você diz a si próprio, olhando para o futuro, "apenas a autonomia e a contemplação me importam!"

Os primeiros dias na montanha são de total purificação; predomina uma alegria serena de quem fez uma escolha certa. Mas, aos poucos, o ideal de autossuficiência se revela mais difícil que o esperado. Marcenaria nunca foi o seu forte; você demora demais para construir os móveis da casa e também para costurar roupas. Há pouco tempo para pescar e cuidar da horta, suas atividades preferidas. Os dias acabam e ainda há muito trabalho a fazer. Falta construir uma cama, aprimorar o piso de madeira e construir uma bancada. As noites de sono não revigoram, pois há frestas demais entre as tábuas das paredes, por onde passam insetos e vento, sem falar nas goteiras no teto. Ao cabo de um mês trabalhando catorze horas por dia, você está fraco e cansado.

Ou melhor: você está pobre.

Só algumas semanas depois, durante sua habitual caminhada contemplativa pelas montanhas, a vida começa a melhorar. Você descobre outro casebre; mora ali um eremita mais velho e muito magro, quase desnutrido, doravante chamado de Velho Ermitão. Vocês trocam uma conversa e descobrem que compartilham frustrações sobre as cidades e dificuldades da vida na montanha. Dando uma olhada ao redor, você percebe que a casa do Velho Ermitão, apesar da humildade predominante, tem uma ótima carpintaria. O piso de madeira é bem-feito; a mesa não balança e há uma bancada bem do jeito que você precisa. "Tenho paixão pela carpintaria", diz o Velho Ermitão. "Quem me dera pescar e plantar cenouras fosse tão fácil para mim quanto montar mesas e cadeiras."

Peraí: o Velho Ermitão faz muito bem o que mais te incomoda, e se incomoda justamente com o que você faz muito bem! Não demora para vocês perceberem que teriam uma vida muito mais fácil se cada um se especializasse no que faz melhor e mais rápido e depois trocassem o resultado. A ideia de uma cooperação surge naturalmente. O Velho Ermitão promete dar um jeito nas tábuas das paredes do seu casebre. Em troca, você promete fornecer ao seu amigo meia dúzia de tilápias e um saco de batatas orgânicas. *Deal.*

O dia seguinte é inspirador. Aquela alegria do começo ressurge: você agora pode se concentrar no que gosta sem precisar se preocupar com a chatice da carpintaria. O Velho Ermitão aprimora a parede e o telhado da sua casa (o que torna suas noites de sono muito mais restauradoras) e aproveita para construir uma mesa em troca de parte daquelas lindas cenouras que você acabou de colher. Ele promete ainda uma bancada se você fizer o favor de fornecer a ele algumas dúzias de ovos durante o inverno.

Não se anime, caro leitor; a história tem um triste desfecho. No dia em que você vai à casa do Velho Ermitão levar os ovos e buscar a bancada de madeira, ocorre um fato inesperado. No caminho de volta, puxando o móvel num carrinho de carga, você depara com uma senhora com ar de autoridade parada no meio da estrada. Podemos dar a essa senhora um nome qualquer, um nome aleatório; digamos, por que não, Dilma. Dilma cruza os braços no meio da estrada e diz:

– Documentos de importação, por favor.

Você faz cara de surpreso; Dilma explica que passar por ali você até pode, mas para levar a mesa junto precisa, nas palavras dela, "apresentar Declaração Simplificada de Importação, esperar a fiscalização do órgão responsável, cujo prazo é de 90 (noventa) dias, e só então poder quitar o imposto de importação equivalente a 60% (sessenta por cento) sobre o valor dos bens constante da fatura comercial, acrescido dos custos de transporte e do seguro relativo ao transporte, se não tiverem sido incluídos no preço da mercadoria".

– Mas por que isso, dona Dilma?

Ela explica que aquela é uma região de fronteiras. Entre o seu casebre e o do Velho Ermitão passa uma linha imaginária, que divide as montanhas em diferentes territórios imaginários. No território imaginário onde o seu casebre está instalado, coincidentemente presidido por ela, "está em andamento, em nível de possibilidades, assim de ação planejada mesmo, uma política que visa, no sentido de ter como objetivo, à proteção da indústria – mas daí você pergunta – qual indústria? – a nacional, claro, de modo que estamos reduzindo o desincentivo para os cidadãos optarem por fábricas propriamente nacionais nesse país, desse modo garantindo a redução da pobreza". O que você consegue entender daquilo tudo é que, ao adquirir móveis do outro lado da linha imaginária, você está irritando pessoas que vivem deste lado e acreditam que a linha imaginária é algo muito importante. Você pensa em ignorar aquela senhora no meio da estrada e seguir seu caminho, mas percebe que alguns homens armados e uniformizados observam a conversa. Depois de alguma negociação, você promete dar a Dilma um saco de batatas se ela deixá-lo passar com a mesa. Dilma aceita a proposta – e prontamente emite um Darf (Documento de Arrecadação de Receitas Federais) para oficializar a dívida.

A bancada fica ótima no seu casebre; apesar disso você vai dormir frustrado. A cooperação com o Velho Ermitão agora está cheia de entraves. Você terá que produzir muito mais alimentos para pagar o que exige aquela senhora no meio do caminho; provavelmente ficará mais fácil produzir móveis como antes, por conta própria. A barreira comercial imposta por aquela senhora que dizia defender os pobres o fará retornar à autossuficiência – e à pobreza.

Nessa historieta lamentável, o leitor descobrirá três fenômenos muito frequentes na economia do Brasil e do mundo. O primeiro é que a autossuficiência leva à pobreza. Não importa se são indivíduos que optaram por um estilo de vida autônomo ou países que fecharam suas fronteiras ao comércio: a decisão de fabricar tudo por conta própria fará as pessoas gastarem tempo demais em tarefas que não dominam tão bem. A produtividade delas, ou seja, o tanto que podem produzir num determinado tempo, continuará baixa. Terão de trabalhar muito para produzir pouco. Em pouco tempo estarão cansadas, pobres e famintas.

No último século, muitos países optaram pela autossuficiência; todos eles empobreceram. Durante o fim do imperialismo na África e na Ásia, houve uma incontrolável proliferação de intelectuais defendendo a necessidade de independência não só política, mas econômica. Era moda acreditar que o comércio internacional causava ganhadores e perdedores, portanto bastaria aos perdedores cortar as amarras com as grandes potências capitalistas para iniciar uma era de harmonia e prosperidade. Então eles cortaram as amarras e em vez da harmonia e da prosperidade veio mais miséria.

Uma vítima dessa armadilha foi a Índia. Gandhi mandava os indianos queimarem roupas confeccionadas na Inglaterra e insistia para que todo indiano colhesse seu próprio algodão e fizesse as próprias vestes. Jawaharlal Nehru, o primeiro-ministro da Índia independente e filho ideológico de Gandhi, aumentou os impostos de importação para até 350% e criou imensas empresas estatais para substituir os produtos importados. A Índia independente conseguiu ficar ainda mais pobre do que quando era colônia britânica.

No Brasil, os principais defensores da autossuficiência foram os economistas "cepalinos" (reunidos na Cepal, a Comissão Econômica para América Latina e Caribe). De acordo com a "teoria da deterioração dos termos de troca" que eles defendiam, o comércio internacional prejudicava os países exportadores de matérias-primas e beneficiava as nações industrializadas, que vendiam seus produtos por preços muito maiores. Desse ponto de vista, os países pobres não se desenvolveriam enquanto não se industrializassem. A saída, então, seria fechar as fronteiras, criar estatais e investir na indústria nacional. A teoria era um equívoco. A restrição a importações obriga os cidadãos a gastar tempo demais fabricando produtos que poderiam importar com muito menos esforço. Dois dos países mais ricos do mundo, o Canadá e a Austrália, além do Chile, a nação mais rica da América do Sul, vivem de exportar matérias-primas e importar coisas industrializadas. Apesar disso, o pensamento da Cepal teve enorme influência sobre os governos de Juscelino Kubitschek e da ditadura militar.

Muita gente acredita que o costume de especialização e troca começou durante a Revolução Industrial, quando camponeses deixaram a vida de autossuficiência das vilas rurais e foram trabalhar nas cidades. As fábricas inglesas elevaram a divisão do trabalho a um patamar inédito, é verdade, mas o costume de se especializar num trabalho e trocar o resultado começou antes, muito tempo antes.

Quem caminhasse pelos bairros da Roma do século 1º encontraria algo parecido com um mercado popular de hoje: ruelas apinhadas de vendedores de cerâmica, barbeiros, lojas de vinhos, casas de banho, padarias, bordéis. Havia em Roma até mesmo uma espécie de shopping center – a Basílica Emília, edifício com cem metros de comprimento, ocupado por joalheiros, banqueiros, importadores de especiarias e revendedores de vinhos finos. Pelo comércio, os romanos construíram uma das grandes civilizações da história, mas não, não foram eles que inventaram esse costume.

# DARWIN
## VAI AO MERCADO

Por volta de 4.000 a.C., os sumérios obtinham cedro do Líbano, pedras preciosas do Afeganistão e resinas da África. Para informar sobre os alimentos em feiras de rua, inventaram os algarismos.

A especialização e o comércio foram tão importantes na história humana que não constituem somente uma vantagem econômica, mas também uma vantagem evolutiva, que diferenciou humanos de outros hominídeos e deixou vestígios no nosso corpo e comportamento. É razoável acreditar que, nas sociedades de caçadores--coletores da Idade da Pedra, conseguiam mais comida e proteção as pessoas que se especializavam numa atividade e trocavam o que obtinham. A seleção natural favoreceu, então, capacidades humanas que possibilitavam ou facilitavam essas trocas, como a capacidade de sentir empatia, de confiar (e desconfiar) dos outros, a satisfação em fechar acordos.

Essa é uma conclusão espantosa – e estudiosos de áreas diferentes (biólogos, economistas, psicólogos evolutivos) chegaram a ela quase ao mesmo tempo, a partir dos anos 1970. "O intercâmbio com benefício mútuo tem sido parte da condição humana pelo menos desde que o *Homo sapiens* é uma espécie. Não é uma invenção moderna", diz o zoólogo e escritor Matt Ridley.[1] "O intercâmbio é uma predisposição universal humana com óbvias implicações evolutivas", afirma o economista Haim Ofek.[2]

A primeira relação de especialização e comércio de toda a história da humanidade foi, provavelmente, entre um homem e uma mulher. Muitos estudos antropológicos com sociedades isoladas mostram que, com raras variações, mulheres são responsáveis por obter carboidratos; homens, proteínas. No ambiente natural, mulheres passam boa parte do tempo amamentando. Com um filho no colo é mais difícil e perigoso atacar grandes animais. Por isso elas se concentraram em atividades com menor risco para bebês – como a coleta de frutas, insetos, legumes e raízes (tanto que se credita às mulheres a invenção da agricultura). Já aos homens couberam atividades de maior risco e recompensa – a caça de grandes animais e a guerra. Durante os milênios de evolução, essa divisão do trabalho favoreceu capacidades diferentes. Entre as mulheres, ganharam o páreo da seleção natural as mais observadoras e meticulosas; entre os homens, os mais violentos, com melhor pontaria e menor aversão ao risco.[3] Eis por que os homens, em qualquer civilização da história, cometeram 90% dos homicídios e são maioria entre os apostadores da Bolsa de Valores e entre as vítimas de quedas e acidentes.

Por sorte, ao fechar um acordo com o Velho Ermitão, o leitor descobriria um segundo princípio elementar da economia: o caminho para uma vida mais fácil e confortável é especialização e troca. Eu me concentro no que faço a um custo menor, você se especializa na sua melhor alternativa, no final a gente troca o que produziu e todo mundo sai ganhando. É este o jogo preferido dos economistas: o jogo de soma diferente de zero. No futebol ou no pôquer, a soma dos resultados é nula. Um time precisa perder para o outro ganhar. Quem tem duas damas no pôquer perde as fichas para o sortudo que tirou um trio de setes. Não é assim nos acordos voluntários da economia. As fichas se multiplicam; todos voltam para casa com um pote maior. Você e o Velho Ermitão jogam. E os dois ganham.

Já faz algum tempo que os economistas se deram conta dos gigantescos benefícios da especialização e da troca. Em 1817, o economista David Ricardo sistematizou os benefícios da cooperação ao criar o Princípio da Vantagem Comparativa. Para Ricardo, o custo absoluto da produção não é tão relevante quanto o custo de oportunidade. Não importa que o Jorge Paulo Lemann, dono da Ambev e do Burger King, lave louça melhor que a empregada dele, e sim quanto ele vai deixar de ganhar se passar o dia lavando louça. As pessoas (e os países) naturalmente escolhem atividades com menor custo de oportunidade:

> Num sistema de livre comércio, cada país naturalmente dedica seu capital e seu trabalho à atividade que lhe seja mais benéfica. [...] Estimulando a dedicação ao trabalho, e recompensando a engenhosidade e propiciando o uso mais eficaz das potencialidades proporcionadas pela natureza, distribui-se o trabalho de modo mais eficiente e mais econômico, enquanto, pelo aumento geral do volume de produtos, difunde-se o benefício e une-se as

> nações do mundo civilizado por laços comuns de interesse e de intercâmbio. Este é o princípio que determina que o vinho seja produzido na França e em Portugal, que o trigo seja cultivado na América e na Polônia e que as ferramentas e outros bens sejam fabricados na Inglaterra.

Às vezes imagino o trabalho que eu teria para produzir um simples remédio – uma aspirina. Levaria alguns meses só para ter um conhecimento básico sobre princípios ativos. Depois teria que entender quais substâncias compõem o remédio e dominar as técnicas para confeccioná-lo. Teria de procurar fornecedores, convencê-los a me vender em pequenas quantidades, adquirir tubos de ensaio e aquelas coisas de vidro que, pelo menos nos filmes, as pessoas usam em laboratórios farmacêuticos. Chuto em seis meses o tempo que levaria para produzir uma única aspirina para aliviar minha dor de cabeça. No entanto, posso comprá-la na farmácia gastando o que ganho em poucos minutos de trabalho. Baita pechincha.

Também é assim para o laboratório farmacêutico. Ele deve produzir milhões de medicamentos todo mês, de centenas de marcas diferentes. Fabricar uma caixa a mais de aspirina deve custar quase nada à empresa, digamos 40 centavos. Mas o laboratório pode vender para mim por 4 reais, um lucro gigantesco. Negócio da China. Eu e o laboratório farmacêutico jogamos. E os dois ganham.

Em 2004, uma pesquisa da Universidade George Mason comprovou a facilidade das pessoas de se engajar em atividades de especialização e troca. Os pesquisadores ofereceram dinheiro para voluntários participarem de um jogo de computador que simulava uma vila virtual. Cada jogador, dono de uma casa e um terreno, tinha que produzir peças vermelhas e azuis. Ganhava mais quem conseguisse montar mais conjuntos de peças numa proporção estabelecida pelos pesquisadores – por exemplo, uma peça vermelha para três azuis. Os jogadores podiam ver, na tela do computador, quantas peças azuis e vermelhas outros jogadores estavam produzindo. Também podiam conversar entre si e transferir peças de uns para outros. Eles não sabiam que o programa de computador fazia que produzissem algumas peças com mais facilidade – mas nem sempre as peças que mais precisavam. Diante dessa vantagem comparativa, surgiram espontaneamente diálogos assim:

> – Bem que você poderia me dar algumas peças.
> – Aham.
> – Olha só, eu faço azuis mais fácil, qual cor você faz mais rápido?
> – Vermelho.
> – Haha, legal.
> – Hehe.
> – Beleza. Vou fazer só azuis e você só vermelhas. Daí mandamos pra casa de cada um.
> – O.k., 100% vermelho.
> – O.k., 100% azul.[4]

Quem insistiu na autossuficiência – e montou sozinho as bolas azuis e vermelhas – ganhou no máximo 30 centavos por fase do jogo. Já aqueles que optaram por se especializar nas peças que produziam melhor e depois trocá-las pelas que precisavam ganharam três vezes mais.

Infelizmente o leitor, ao se mudar para a floresta e se tornar um ermitão, descobriria ainda um terceiro fenômeno da economia: os políticos, como aquela senhora parada no meio da estrada, não têm a menor ideia do Princípio da Vantagem Comparativa. Jamais terão. Não basta tentar explicar; eles vão logo dizer que, se deixarem as fronteiras abertas, a indústria nacional vai sofrer uma concorrência desleal, haverá falências, demissões e mudanças de preços.

Essa dificuldade de aceitar a vantagem comparativa entristece economistas de esquerda, de centro, de direita, de todos os matizes. Paul Krugman, hoje o mais adulado economista da esquerda americana, tem um artigo inteiro sobre isso. "Por que jornalistas com reputação de grandes pensadores sobre temas mundiais torcem o nariz se você tenta explicar a eles como o comércio leva à especialização mutuamente benéfica?", pergunta ele. "Por que os figurões da política, que participam contentes de horas de discussão sobre a economia mundial, se negam a sentar-se por dez minutos para entender a teoria de Ricardo?" A resposta: "A oposição à vantagem comparativa, como a oposição à teoria da evolução natural, reflete a aversão de muitos intelectuais a um modo essencialmente matemático de entender o mundo".[5]

Os políticos estão há séculos tentando proteger a indústria nacional e conquistar a independência econômica, e não parece que vão desistir.

# A INDÚSTRIA MIMADA

No começo, parecia uma ideia inovadora. Um ano depois de ter aberto os portos brasileiros às nações amigas, o príncipe regente dom João se incomodou com a ausência de fábricas no Brasil. Enquanto a Inglaterra enriquecia com fábricas de tecidos, o maior território do reino português só tinha fazendas de algodão e engenhos de cana-de-açúcar. Para tentar resolver esse problema, o príncipe publicou, em 28 de abril de 1809, uma lei com o objetivo de estimular e proteger a indústria real.

Dois séculos depois, a presidente Dilma Rousseff também se incomodou com a dormência das indústrias brasileiras. Elas não encantavam nem os brasileiros, que preferiam comprar carros do México e eletrônicos da Coreia do Sul. Para tentar resolver essa questão, a presidenta teve uma ideia que parecia inovadora. Publicou uma série de medidas para estimular e proteger a indústria nacional.

Tanto a lei de dom João quanto o decreto de Dilma Rousseff tinham duas resoluções principais. A primeira estabelecia cotas de conteúdo local. Dom João determinou que as fardas dos soldados reais deveriam ser fabricadas, o máximo possível, em indústrias brasileiras. Assim, ele acreditava que o "cabedal" (como se chamava "capital" na época) aos poucos passaria da produção no campo para a indústria. "Todos os fardamentos das minhas tropas serão comprados às fábricas nacionais do Reino, e às que se houverem de estabelecer no Brasil, quando os cabedais que hoje têm melhor emprego na cultura das terras, puderem ser aplicados às artes com mais vantagem."[1] Já a lei de conteúdo local de Dilma determinava que as montadoras de carros deveriam ter pelo menos 65% de peças nacionais, se quisessem escapar de um Imposto sobre Produtos Industrializados (IPI) que aumentaria o valor dos carros em 30%. Pouco antes, o presidente Lula já havia estabelecido uma regra de conteúdo local para as sondas e plataformas encomendadas pela Petrobras.

**A INDÚSTRIA MIMADA** 215

A outra resolução de dom João e dona Dilma foi dar uma ajuda a quem abrisse fábricas. Nas palavras do príncipe, "conferir-se-lhe algum cabedal que anime o capitalista". Dom João ordenou que a Loteria nacional reservasse, todo ano, 60 mil cruzados para beneficiar e socorrer principalmente as fábricas de lã, algodão, seda, ferro e aço. Era um financiamento camarada, a fundo perdido. "As que receberem este dom gratuito não terão obrigação de o restituir, e só ficarão obrigadas a contribuir com o maior desvelo para o aumento da fábrica", determinou o príncipe regente. No caso de Dilma, o "cabedal para animar o capitalista" foi, digamos, um pouco mais polpudo. Entre 2011 e 2014, o governo de Dilma destinou, pelo BNDES, centenas de bilhões de reais a grandes empresários, tudo a juros subsidiados, alguns a fundo perdido.[2]

Tanto em 1809 quanto em 2012 o cabedal não animou e a proteção não protegeu.

A indústria têxtil brasileira continuou às moscas depois da medida de dom João. Por boa parte do século 19, o país oscilou entre abrir as fronteiras para os importados, como logo depois da Independência, ou fechá-las. Em 1844, a Tarifa Alves Branco aumentou para 30% o imposto de importação sobre os tecidos de algodão e para 40% a 50% o imposto sobre sacos de fibras têxteis, peças de sabão, velas, bebidas e vidros.[3] De novo, houve pouco resultado. Treze anos depois desse tarifaço, um relatório do Arsenal de Guerra de 1857 informou que era difícil contar com fardas nacionais, pois havia poucas fábricas, as quais entregavam produtos sem nenhum padrão. "É, pois, fora de dúvida a conveniência de serem elas contratadas no estrangeiro com alguma fábrica, ou casa acreditada, sob ajustadas condições, a qual a mande aqui por toda de uma só qualidade; o que trará, além da uniformidade, economia."[4]

No caso de Dilma, as barreiras à importação até convenceram algumas montadoras de carros a se instalar por aqui (o resultado visível da medida). Mas, no balanço geral, a indústria nacional patinou. Em 2014, a balança comercial brasileira teve o pior resultado desde 1998 – importamos 3,93 bilhões a mais do que exportamos. A participação da indústria no PIB passou de 16,6% em 2008 para 10,9% em 2014.[5] O estímulo à indústria nacional não evitou (e talvez tenha ajudado a provocar) demissões de milhares de operários de montadoras de veículos no ano seguinte.

A briga entre adeptos do livre comércio internacional e os protecionistas é das mais antigas da economia brasileira. De um lado do ringue, representando os desenvolvimentistas, está o famigerado, o imortal, o tentador...

# ARGUMENTO DA INDÚSTRIA NASCENTE

Segundo esta linha de raciocínio, vale a pena dar uma proteção temporária à indústria nacional, para que ela ganhe músculos e consiga competir com estrangeiros muito poderosos. É como ensinar criança a andar de bicicleta sem rodinhas – de repente não é mais preciso dar impulso; a indústria infante consegue pedalar por si só. Como guerreiro auxiliar, há o argumento da proteção do emprego. A concorrência com países de mão de obra muito barata, como a China, eliminaria milhões de empregos no Brasil.

Do outro lado dessa luta, representando os defensores do livre comércio internacional, ergue-se o desafiante, o eficiente, o corpulento...

# ARGUMENTO DA INDÚSTRIA MIMADA

Estímulos e proteções, por esse ponto de vista, acabam mimando a indústria nacional. Com o mercado nacional garantido contra concorrentes estrangeiros, ela investe menos em inovação e tecnologia, e fica menos capaz de competir no mercado internacional. Também não precisa se preocupar em vender barato, pois os itens importados dos concorrentes internacionais são vendidos aqui por um valor demasiado alto. Os próprios representantes da indústria brasileira admitem esse efeito colateral. "Um dos motivos da perda de competitividade da indústria é a defasagem tecnológica, um efeito negativo do fato de não termos internacionalizado nossas empresas", disse, para a revista *Exame*, Carlos Abijaodi, diretor de desenvolvimento industrial da Confederação Nacional da Indústria.[6] Para piorar, o aumento de impostos de importação provoca uma ação recíproca – os produtos brasileiros passam a ser mais taxados fora do Brasil. As sandálias Havaianas, por exemplo, desde 2014 pagam 18% de imposto na União Europeia, por falta de um acordo de livre comércio.[7]

Volta e meia aparecem reportagens questionando os valores dos produtos no Brasil, como foi a matéria de capa da *Superinteressante* da edição de abril de 2013: "Por que tudo no Brasil é tão caro". Uma das respostas: porque o governo cede a pressões de grandes empresas nacionais e tira do páreo concorrentes mais baratos.

Aqui também há guerreiros auxiliares. Um deles é o risco do protecionismo deixar o Brasil fora das "cadeias globais de produção". Esse é o nome que os economistas dão às redes de empresas e países envolvidos na produção de uma mercadoria. Um iPhone, por exemplo, é fabricado com processador e tela de retina da Coreia do Sul, câmera e bateria japonesas, giroscópio italiano e chip de radiofrequência dos Estados Unidos. Ao impor uma regra de 65% de conteúdo local, o governo age como se estivesse na época do príncipe dom João, e deixa o Brasil fora das cadeias de produção. "Se no século 19 isso já era errado, hoje é totalmente insano", diz o economista Roberto Ellery, da Universidade de Brasília. No longo prazo, deixam de ser abertas muito mais vagas de emprego do que aquelas que o protecionismo tentou salvar.

Outra prova reluzente dos males do protecionismo é o Brasil dos anos 1980. Na década anterior, o presidente Ernesto Geisel, com planos de conquistar a independência tecnológica, havia forçado o país a substituir os importados por produtos genuinamente nacionais. Na prática, o governo proibiu importações de alimentos, bebidas, roupas, calçados, bicicletas, motos, iates, aparelhos fotográficos, brinquedos e automóveis.[8] Para azucrinar ainda mais os brasileiros, a Lei da Informática, de 1984, dificultou a importação de computadores e eletrônicos em geral. Por um lado, até que deu certo: a participação da indústria no PIB chegou a 30% (um recorde até hoje). Mas à custa de uma tremenda agonia dos brasileiros. O país tinha os piores e mais caros carros do mundo, e a informática demorou mais dez anos para se popularizar no Brasil. Os brasileiros ficaram tão zangados com essas medidas que, quando puderam escolher um presidente, em 1989, elegeram o primeiro picareta que falou o que todo mundo queria ouvir: os automóveis nacionais eram carroças, e o governo deveria abrir o mercado de importados para chacoalhar a indústria nacional.

Com tantas provas acumuladas sobre os danos do protecionismo, os economistas costumam se alinhar ao livre comércio. Mas tem um problema: os eleitores e os políticos (salvo algumas exceções, como Collor) se alinham ao argumento da indústria nascente – e ao medo da invasão estrangeira. Para o economista

Bryan Caplan, isso tudo é culpa de um "viés antiestrangeiro". Mesmo que as regras mais básicas da economia suportem a imigração e o livre comércio, muitos cidadãos sempre se sentirão ameaçados pela imagem de uma avassaladora invasão de pessoas ou produtos estrangeiros.

Por isso o debate nunca acaba. Um bocado de economistas passou boa parte da história do Brasil criticando o protecionismo, mas pouca gente deu ouvidos. Por exemplo, em 2012, um pouco depois das medidas protecionistas de Dilma, o economista Alexandre Schwartsman disse que "se você protege o setor, ele não desenvolve a capacidade de competir globalmente".[9]

Um pouco antes, foi a vez dos economistas Pedro Cavalcanti Ferreira e Renato Fragelli que afirmaram que "A indústria automobilística brasileira é uma criança de sessenta anos! [...] O excesso de proteção a tem tornado um adulto incapaz de operar em um mundo cada vez mais competitivo".[10]

Trinta e cinco anos antes, quando Brasil viveu o auge da proteção à indústria "nascente", era a vez de Roberto Campos se esgoelar contra o protecionismo usando expressões similares:

> A informática é o exemplo supremo do mercantilismo cartorial e o ápice do intervencionismo governamental do Brasil. O americano Steve Jobs, que criou a Apple numa garagem de fundo de quintal, com apenas mil dólares no bolso, jamais vicejaria numa cultura como a brasileira. Ele gastaria mais do que isso indo a Brasília, hospedando-se em hotéis e cortejando os tecnocratas para lhe concederem um "favor" de uma autorização de fabricação, de um certificado de registro e mais uma licença de produção.[11]

Fernando Collor de Mello protagonizou imensas presepadas quando foi presidente do Brasil, entre 1990 e 1992. Seu plano de combate à inflação foi o mais trágico e irresponsável de todos. O congelamento da poupança, que proibiu os brasileiros de sacar mais de 50 mil cruzeiros de suas próprias contas bancárias, não atingiu somente as empresas – provocou dezenas de casos de suicídio e mortes por ataque cardíaco.

Entre tantos equívocos, no entanto, há um acerto de Collor que merece a admiração eterna dos brasileiros. Durante a campanha de 1989, o homem prometeu acabar com a proteção às empresas brasileiras e com as restrições aos importados. Muita gente gostou da promessa, mas poucos acreditaram nela. Abrir a economia significava mexer com interesses poderosos. Na época, os principais partidos e os grandes grupos de pressão política defendiam barreiras comerciais para preservar empregos e empresas. Brigar contra isso era brigar contra sindicatos, associações de industriais, oligarcas e grandes empresários nacionais.

# O (ÚNICO) BEM QUE COLLOR FEZ AO BRASIL

Mas Collor não se deixou abater. Depois de eleito, acabou com o famigerado "anexo C da Cacex", lista de produtos cuja importação havia sido proibida pelo governo militar. E determinou uma redução gradual dos impostos de importação. As vantagens dessa medida foram muito além de deixar ricos comprarem carrões importados. A facilidade de importar máquinas e insumos aumentou a produtividade do campo – as fazendas produziram mais alimentos em menos tempo e menor área de cultivo. A produtividade da indústria aumentou com a abertura econômica, as empresas brasileiras, acostumadas a um capitalismo de compadres, tiveram que se modernizar e aprender a competir.

Em 1952, foi a vez de Eugênio Gudin reclamar da "excessiva proteção ao produtor ineficiente, o que permite e dá lugar a um tão grande desperdício dos escassos fatores de produção do país".[12]

Quinze anos antes, quando donos de indústrias de tecido conseguiram convencer o governo Getúlio Vargas a proibir a importação de máquinas para limitar a concorrência, o jornal *Observador Econômico e Financeiro* satirizou os mimos que o governo dava à indústria:

> Parece que se apoderou de um grupo de industriais, por todos os motivos capazes de melhores empreendimentos, o desejo de transformar a concorrência em jogos florais, fazer da livre-iniciativa industrial uma incapaz, segundo a definição jurídica, sujeita à tutela orfanológica do Governo. Toda a batalha industrial travar-se-ia entre flores, e o campo da indústria não seria mais do que uma sucursal do paraíso, com maquinário obsoleto e proibições que no Brasil só vigoraram no tempo em que reinava, em Portugal e colônias, dona Maria I.[13]

Quarenta anos antes (em 1898), o então ministro da Fazenda, Bernardino de Campos, desenvolveu com perfeição o Argumento da Indústria Mimada:

> Nossa indústria não raras vezes falseia sua missão, ou produzindo artigos ruins, que não podem competir com os estrangeiros, ou aperfeiçoando as suas manufaturas, mas acompanhando o preço similar do importado. É sempre o consumidor o prejudicado e o que menos aproveita a partilha dos favores da tarifa. [...] O protecionismo de Estado, está cabalmente demonstrado,

> tem produzido efeitos negativos, em relação ao aproveitamento público, porque sacrifica uma parcela da fortuna da coletividade em proveito de um grupo de privilegiados.[14]

Estamos há mais de um século dizendo a mesma coisa. Como mostra o próximo capítulo, a sensação de estar preso no passado é bem comum na história da economia brasileira.

# UMA HISTÓRIA MUITAS VEZES VISTA NESTE PAÍS

**UM PRESIDENTE DECIDE ENFRENTAR A INFLAÇÃO E A CRISE DAS CONTAS PÚBLICAS.** Para isso corta gastos, aumenta impostos e renegocia a dívida externa. O sucessor mantém as reformas, dando início a uma estabilidade que atrai empresas e investidores. Surge outra boa notícia – a alta do preço das matérias-primas que o país exporta – e os brasileiros vivem alguns anos de prosperidade, inflação baixa e Nutella no café da manhã. Mas então acontece uma reviravolta. Um terceiro presidente toma posse. Ele abandona as reformas em nome do crescimento, volta a descuidar da inflação e dos gastos do governo. Empurra o país de volta para a crise.

O enredo acima aconteceu entre 1995 e 2015, durante os governos Fernando Henrique, Lula e Dilma. Mas também vale, com pequenos ajustes (e sem a Nutella), para a ditadura militar, entre 1964 e 1985. Ou então para o período entre os presidentes Campos Salles, Rodrigues Alves e Afonso Pena, entre 1898 e 1909. Não é verdade que a história recente da economia brasileira nunca antes foi vista neste país. Ela é a terceira ou quarta refilmagem de um roteiro conhecido.

É como aquele filme *Feitiço do tempo*. Bill Murray acorda, olha para o despertador e percebe que está preso no tempo, vivendo o dia anterior novamente, e novamente, e novamente. Os brasileiros vivem um problema parecido. Há pelo menos 120 anos, estamos presos na mesma história econômica. As décadas passam e, quando o dia amanhece, percebemos que voltamos ao roteiro de reformas, crescimento, gastança e crise. Os nomes dos personagens mudam, assim como o cenário e o figurino, mas a história continua estruturada em reformas, crescimento, gastança e crise.

# CENA 1: REFORMA

Campos Salles, quarto presidente da República, assumiu o governo em 1898. O marechal Castello Branco, o primeiro presidente da ditadura militar, em 1964. Fernando Henrique Cardoso recebeu a faixa em 1995, mas já era ministro da Fazenda até um ano antes. Os três começaram o filme com os mesmos desafios: acabar com a inflação, com a gastança do governo e cobrir o rombo das contas públicas.

No ano em que Campos Salles assumiu, o governo havia arrecadado 320 mil contos de réis, e gastado um pouquinho mais: 700 mil contos. O Brasil vivia a ressaca do Encilhamento, como aprendemos nos livros didáticos de história. O Encilhamento era o BNDES do fim do século 19. Para aumentar o crédito na praça e fazer a economia pegar no tranco, o Ministério da Fazenda, encabeçado por Rui Barbosa, emprestava dinheiro sem juros para os bancos, que se comprometiam a emprestar o dobro do valor a juros de 6% ao ano. Na prática, o governo autorizou os bancos a criar moeda e emprestar sem se preocupar com as condições de pagamento dos devedores. Essa atitude criou uma bolha especulativa e uma desordem nas contas. Entre 1892 e 1898, os gastos do governo aumentaram 176%.[1] Rui Barbosa foi o Guido Mantega do fim do século 19.

Sessenta anos depois, o marechal Castello Branco tinha um problema a mais. A Lei da Usura, criada por Getúlio Vargas em 1933, havia proibido empréstimos a juros maiores que 12% ao ano. Como a inflação geralmente ultrapassava essa taxa, não valia a pena emprestar a juros no Brasil. O mercado legalizado de renda fixa quase não existia, e o governo não conseguia emitir notas promissórias para pagar as contas. Por isso, a dívida pública era ínfima. Sem poder se endividar, os governos de Juscelino Kubitschek e João Goulart, anteriores a Castello Branco, ligavam a máquina e imprimiam dinheiro. Quanto mais dinheiro na praça, menor o valor de cada cédula. Em 1964, a inflação fechou em 92%.

Fernando Henrique Cardoso ganhou a eleição de 1994 como o herói do combate à inflação. Não cairia bem, logo depois da campanha eleitoral, imprimir dinheiro e deixar a inflação desandar. Como, então, arranjar dinheiro para pagar as contas? A saída que FHC e o marechal Castello Branco encontraram foi incorporar o espírito de Campos Salles.

Os três presidentes fizeram quase o mesmo governo. Interpretaram o mesmo personagem em refilmagens diferentes. Primeiro, aumentaram impostos. Campos Salles ganhou o apelido de "Campos Selos" por fixar selos de impostos sobre diversos produtos essenciais da época, como o vinagre ou caixas de fósforos. Um século depois, na versão em que FHC era o protagonista, o produto essencial era a gasolina – que foi objeto da Cide, a contribuição sobre os combustíveis. FHC também aumentou a maior alíquota do imposto de renda, de 25% para 27,5%. Já o marechal Castello Branco acabou com diversos impostos sobre produtos específicos e os unificou em taxas que pagamos até hoje: o Imposto sobre a Circulação de Mercadorias (ICM, hoje ICMS, "e Serviços") e o Imposto sobre Produtos Industrializados (IPI).

Não se sabe quanto era a carga tributária quando Campos Salles se tornou presidente, pois os dados do IBGE começam em 1900. O que dá para dizer é que, quando o governo dele terminou, a mordida dos impostos era de 12,5% de toda a produção de riquezas do país, uma proporção que só seria ultrapassada em 1945.[2] Os outros dois atores que interpretaram o seu personagem também deixaram uma carga tributária mais alta:

|  | CARGA TRIBUTÁRIA QUANDO ASSUMIU O GOVERNO | CARGA TRIBUTÁRIA QUANDO DEIXOU O GOVERNO |
| --- | --- | --- |
| Campos Salles | ? | 12,5% (a maior até 1945) |
| Castello Branco | 17% | 20% |
| Fernando Henrique | 29% | 36% |

Elaboração do autor com base no estudo *A evolução da estrutura tributária e do fisco brasileiro: 1889-2009*. Brasília, janeiro de 2010, em convênio com Ipea/Cepal.

Outra atitude comum entre os três presidentes foi pedir dinheiro emprestado e negociar um prazo maior para pagar o que já deviam. O marechal Castello Branco acabou com a Lei da Usura e criou a correção monetária, invenção brasileira que reajustava a dívida do governo. Assim ficou fácil pedir dinheiro emprestado: bastava assinar um papel com uma promessa de pagamento no futuro – ou seja, um título de dívida. A atitude parecia sensata naquele momento, mas acabou montando uma bomba. A partir de Castello Branco, a dívida interna (que o governo deve aos brasileiros) saiu de 3 bilhões em 1967 para 105 bilhões em 1985, quando o Brasil deu um calote.[3]

Na negociação com os credores estrangeiros, a semelhança entre Campos Salles e Fernando Henrique é espantosa. Três meses depois de assumir o governo, Campos avisou seus credores que não tinha como pagá-los e começou uma rodada de negociações para esticar o prazo do pagamento. O Brasil devia principalmente aos Rothschild, a família de banqueiros mais rica do mundo naquela época. A família concordou em emprestar 10 milhões de libras ao Brasil, suficientes para o governo respirar por três anos, e ainda deu um prazo de três anos para o Brasil come-

---

Os Rothschild eram credores antigos do Brasil. Em 1824, quando Portugal exigiu um pagamento de 2 milhões de libras para reconhecer a independência do Brasil, os Rothschild rapidamente levantaram o dinheiro em Londres e o emprestaram a dom Pedro I.

çar a pagar o empréstimo. Mas estipulou algumas condições. O governo brasileiro deveria se comprometer a cortar gastos e reduzir a inflação. Como garantias, pediram a penhora da alfândega do Rio de Janeiro e a concessão de 3 mil quilômetros de ferrovias federais, com uma cláusula que garantisse um lucro mínimo ao capital investido pelos ingleses.

Exatos cem anos depois, o Brasil mostrava que não conseguiria evitar a bancarrota, e abriu uma rodada de negociações com os credores. O Fundo Monetário Internacional (FMI) concordou em emprestar 18 bilhões de dólares, e ainda deu um prazo de três anos para o Brasil começar a pagar o empréstimo. Mas estipulou algumas condições. O governo brasileiro deveria se comprometer a cortar gastos e reduzir a inflação. Em resposta, Fernando Henrique criou a Lei de Responsabilidade Fiscal, que previa até a prisão do político que gastasse mais do que sua administração havia arrecadado.

FHC também se livrou de muitos gastos (e conseguiu um dinheiro extra) privatizando setenta estatais. Foi uma atitude muito parecida com a de Campos Salles um século antes. Depois de reaver as ferrovias que concedera aos ingleses, ele as privatizou. Deu uma justificativa que caberia sem remendos na boca de um ministro de Fernando Henrique um século depois. "A longa experiência mostrou que não há vantagem em manter ferrovias sob a administração pública", disse Campos Salles. "Entregá-las à iniciativa privada e estimular a atuação dos interesses privados não só alivia o Tesouro nacional, como amplia a esfera de prosperidade e utilidade tanto para o comércio como para a indústria."[4]

Os livros de história do Brasil não costumam ser generosos com as medidas econômicas de Campos Salles, Castello Branco e Fernando Henrique. Os três são acusados de provocar recessão e favorecer credores internacionais à custa do aumento de impostos. Há uma injustiça nesse retrato. Se não tivessem herdado o país falido, provavelmente não teriam tomado uma medida tão impopular quanto aumentar a mordida dos impostos. Além disso, os três controlaram os gastos, renegociaram a dívida externa e contiveram a inflação. Campos Salles iniciou o governo com um rombo de 44 mil contos, terminou com uma sobra de 44 mil contos em dinheiro e de 23 mil em reservas de ouro. Castello Branco simplesmente criou o sistema financeiro do Brasil. Fernando Henrique pegou a inflação a 916% em 1994 e a cortou para 1,65% em 1998. Os três lavaram a louça, varreram a casa e espanaram os móveis, deixando tudo pronto para o presidente seguinte receber os convidados.

## CENA 2: MILAGRE

Rodrigues Alves, Emílio Garrastazu Médici e Luiz Inácio Lula da Silva são três grandes sortudos da história do Brasil. Eles assumiram a presidência em condições para lá de tranquilas, logo depois de antecessores terem feito o trabalho sujo. Oswaldo Aranha, ministro da Fazenda de Getúlio Vargas, foi o primeiro a perceber que a estabilidade de um governo levava ao crescimento no governo seguinte. Ele chamou esse fenômeno de "pêndulo Campos Salles – Rodrigues Alves".[5]

No caso de Rodrigues Alves e Lula, houve ainda outro bilhete premiado: a alta do preço de matérias-primas que o Brasil exportava. Em 1902, quando Rodrigues Alves ingressou no Palácio do Catete, a tonelada da borracha, usada nos pneus do recém-inventado automóvel, valia cerca de 300 libras;[6] quatro anos depois, chegava a 600 libras. Em 2003, quando Lula ingressou no Palácio do Planalto, a tonelada do minério de ferro valia 13 dólares; quatro anos depois, passava de 30 dólares.

No fim do segundo mandato, em 2010, estava em 160 dólares. A exportação de matéria-prima, que muitos historiadores tomam como a raiz do fracasso brasileiro, foi um dos motivos do nosso progresso.

Com a casa arrumada e a sorte fazendo uma visita, esses presidentes desfrutaram uma onda de prosperidade poucas vezes vista na história deste país. No governo de Rodrigues Alves houve "o primeiro boom capitalista do Brasil", como diz o historiador mexicano Aldo Musacchio, professor da Escola de Administração de Harvard.[7] A taxa média do crescimento do PIB saltou para 4,7%, contra a estagnação da década anterior. O período entre 1905 e 1913 registrou uma média de 28 aberturas de capital por ano na Bolsa de Valores do Rio de Janeiro e de São Paulo (só para comparar, entre 2005 e 2010, a média de aberturas de capital foi de vinte por ano). Acompanhando a onda de prosperidade que tomou conta do início do século 20, o governo brasileiro tinha dinheiro suficiente para modernizar o Rio de Janeiro e salpicar a cidade com bulevares parisienses.

Também foi assim durante os governos militares de Artur da Costa e Silva e Emílio Garrastazu Médici. O analfabetismo caiu de 34% em 1970 para 23% em 1976; o número de cursos universitários triplicou em cinco anos; a mortalidade infantil, que tinha aumentado entre 1955 e 1965, chegando a 131 mortes a cada mil nascimentos, caiu para 113 em 1975. A produção de tratores subiu de 6 mil para 37 mil. A construção civil cresceu em média 15% ao ano. Não houve boas notícias para a democracia nesse período. Na economia, no entanto, chamá-lo de "milagre econômico" não é exagero.

O crescimento da economia na era Lula ainda está na memória dos brasileiros. Entre 2007 e 2010, parecia que todo mundo no Brasil estava com o bolso mais cheio. Quem caminhasse por uma rua comercial leria o aviso "precisa-se de funcionários" em diversas vitrines. O número de miseráveis caiu 29% entre 2007 e 2011; o de milionários aumentou 17% entre 2008 e 2010.

Não foi apenas sorte, é verdade. Pelo menos por um tempo, os presidentes mantiveram as reformas do governo anterior. O caso mais interessante é o de Lula. Durante a eleição de 2002, investidores ficaram aterrorizados com a possível vitória do petista. O candidato criticava a austeridade do governo e os acordos com o FMI. Em junho daquele ano, para acalmar o mercado, Lula publicou a Carta aos Brasileiros, prometendo manter a política econômica dos tucanos. Depois de eleito, não só cumpriu como dobrou a meta. Entregou o Banco Central a Henrique Meirelles, um deputado tucano que havia sido diretor do Bank Boston. E ainda aumentou o superávit primário (o dinheiro que o governo economiza todo ano para pagar dívidas). O superávit é uma questão polêmica porque significa que o governo deixou de comprar leite para as crianças ou tratar os doentes para pagar aos gananciosos investidores. Mas isso não abateu o ministro da Fazenda, Antônio Palocci. Em 2003, a meta era economizar 79 bilhões de reais – Palocci conseguiu poupar um pouco mais, 81 bilhões.

Mas a prudência do governo Lula durou só até a crise de 2008. O tsunami financeiro chegava como uma marolinha ao Brasil, e um otimismo exagerado tomou conta do governo. Lula e sua sucessora acreditaram que estava na hora de abandonar a política econômica de Campos Salles – quer dizer, de Fernando Henrique.

Imagine que colocamos Homer Simpson no cargo de presidente do Brasil e dizemos a ele: "Caro presidente Homer, agora você é dono da máquina de imprimir dinheiro. Só aperte o botar 'ligar' para repor cédulas velhas ou para acompanhar o crescimento da economia, o.k.?". Basta sairmos do gabinete presidencial para Homer subir na mesa e pular de alegria: "Eu tenho uma máquina de dinheiro! Viva! Vou imprimir um pouquinho e comprar muitos donuts! Vou imprimir um pouco mais e construir no meio do Cerrado uma nova capital para o Brasil! Talvez distribuir por aí para as pessoas consumirem mais!".

# E SE HOMER SIMPSON FOSSE PRESIDENTE DO BRASIL?

Num primeiro momento, aumentar a base monetária (ou seja, aumentar a quantidade de moeda em circulação) aquece a economia. O dinheiro emitido pelo Banco Central não fica parado no banco — gera uma procura maior por produtos e serviços. Mas chega um ponto em que a quantidade de notas é maior do que a capacidade de produção do país. Com a procura maior que a oferta, os preços sobem. A economia fica inflada — vem daí o termo "inflação".

Para resolver o problema, é preciso desligar a máquina. Mas quando voltamos ao gabinete presidencial, descobrimos que Homer Simpson se acostumou a gastar mais do que arrecada e cobrir o rombo produzindo dinheiro. O botão "ligar" está travado; a máquina imprime dinheiro sem parar. Com uma cara de assustado, Homer diz: "A culpa pela inflação não é minha! Prendam os donos do supermercado por aumentarem os preços!".

# CENA 3: GASTANÇA E CRISE

Durante os protestos pelo impeachment de Dilma, em 2015, houve manifestantes que defenderam a volta do regime militar. O pedido não foi só exótico, mas também redundante. Pois o próprio governo Dilma significou, na economia, um retorno aos últimos governos militares.

Dilma foi o Ernesto Geisel de saia e manga três quartos. Sua política econômica foi nacionalista e perdulária como a do quarto presidente do regime militar. Ao perceber que a economia estava desacelerando, os dois não quiseram aceitar um crescimento modesto, e avançaram sobre as contas do governo tentando fazer o país pegar no tranco.

Geisel criou o segundo Programa Nacional de Desenvolvimento, entre 1974 e 1979. Na versão do filme com Dilma, o programa se chamava Brasil Maior. A essência era a mesma: aumentar a base monetária do país para impulsionar o consumo (veja a página anterior), escolher algumas empresas com potencial de serem as "campeãs nacionais" e dar crédito barato a elas. Entre 1974 e 1986, o BNDES emprestou 6,4 bilhões de dólares, em valores de 2015.[8] Só um quarto desse dinheiro foi pago. Nos governos Lula e Dilma, entre 2009 e 2014, foram 400 bilhões de reais em empréstimos.

Na hora de registrar de onde vinha o dinheiro para o financiamento, o governo militar improvisava com a expressão "recursos a definir". Em 2010, Erenice Guerra, chefe da Casa Civil do governo Dilma, repetiu essa exata expressão ao explicar de onde viria o dinheiro do segundo Programa de Aceleração do Crescimento.[9]

Além de gastar mais, os dois presidentes tiveram que enfrentar custos maiores. Em 1973, os países árabes produtores de petróleo fecharam um cartel, multiplicando por quatro o preço do barril. Foi um golpe para o Brasil, que importava 80% do petróleo que consumia. Muitos economistas aconselharam o presidente Ernesto Geisel a vender o direito de exploração de alguns poços de petróleo a empresas privadas, para diminuir a dependência brasileira das importações e ganhar algum dinheiro com os royalties. Mas o nacionalista Geisel se recusou. Entre 1974 e 1980, 90% do endividamento brasileiro veio da importação de petróleo – era o "petrodéficit", como o chamava o economista Roberto Campos. Entre 1978 e 1981, a dívida externa brasileira passou de 43 bilhões de dólares para 61 bilhões. Sem dinheiro, o governo teve que imprimir alguns milhões de notas. A inflação em 1973, primeiro ano do governo Geisel, era de 13%. Em 1979, quando ele entregou a faixa, o Índice de Preços ao Consumidor estava em 76%. Foi assim que nasceu a hiperinflação dos anos 1980.

Em 2011, Dilma recebeu um governo que conseguia poupar mais de 100 bilhões de reais por ano. Quatro anos depois, essa capacidade de economizar havia desaparecido. Em 2014, as contas do governo fecharam no vermelho. Foi a primeira vez, desde 1997, que o governo encerrou o semestre com uma dívida maior.

As semelhanças entre Dilma e Geisel não são mera coincidência. Como revelou o jornalista Gustavo Patu, o economista Guido Mantega publicou em 1997 um estudo de sessenta páginas cheias de elogios à política econômica de Geisel. "As famílias um pouco mais abastadas ostentavam o segundo carro na garagem, e mesmo os estratos de baixa renda haviam conseguido participar da festa do consumo", escreveu Mantega sobre a economia durante o regime militar.[10]

O similar de Dilma-Geisel no começo do século 20 é o presidente Afonso Pena, que sucedeu Rodrigues Alves em 1906 e governou até a sua morte, em 1909. Durante o seu mandato, depois de bons oito anos de balanços positivos, as contas do governo voltaram para o vermelho. Boa parte da gastança serviu para manipular o preço do café. Para proteger os produtores brasileiros de uma queda de preços, o governo comprava o produto e fazia estoques públicos. Depois, vendia conforme lhe interessava. Só para manter a "política de valorização do café", Afonso Pena tomou um novo empréstimo com os bancos estrangeiros. Desta vez, foram 15 milhões de libras – 50% mais que o fiado de Campos Salles dez anos antes.

Esses três presidentes deixaram crise de presente a seus a seus sucessores. O interessante, no caso de Dilma, é que ela criou problema para si própria, pois foi reeleita. A bomba estourou no colo de quem a armou. Em 2015, tendo que lidar com a gastança do seu primeiro mandato, a presidente teve que incorporar o espírito de Campos Salles, Castello Branco e Fernando Henrique. Enquanto este livro ia para a gráfica, ela tentava aumentar impostos, cortar gastos e convencer as agências de classificação de risco que está tudo bem. Os brasileiros acordaram, olharam os jornais e perceberam que tinham voltado aos anos 1990.

No fim do filme *Feitiço do tempo*, Bill Murray consegue quebrar o feitiço e passar para o dia seguinte. O Brasil terá esse final feliz? Bill Murray, será que você pode nos dar uma ajuda?

# AGRADECIMENTOS

O *Guia politicamente incorreto da história do Brasil*, não sei exatamente por que, me fez conhecer e travar amizade com muitos economistas. Passei os últimos anos conversando com meus novos amigos sobre as grandes controvérsias, as leis fundamentais e as metáforas mais preciosas da economia. Este livro é resultado desses anos de conversa. Muito obrigado a todos que recomendaram livros, deram dicas, me ajudaram a aprimorar argumentos e, principalmente, me tornaram um apaixonado pelo tema.

Tenho certeza de que estou esquecendo muitos nomes, mas, entre as pessoas por quem me sinto grato, estão Adriano Gianturco, Adolfo Sachsida, Anthony Ling, Breno de Oliveira, Carlos Góes, Diogo Costa, Fabio Ostermann, Fabio Portela, Flávia Furlan, Fernando Ulrich, Helio Beltrão, Joel Pinheiro da Fonseca, Larry Liu, Laura Diniz, Marcos Ricardo dos Santos, Rodrigo Constantino, Rodrigo Saraiva Marinho, Rodrigo Pereira, Tainã Bispo, Thais Rego Monteiro, Tiago Lethbridge e Thiago Ribeiro.

Ivanildo Terceiro, o mais inteligente universitário do Brasil, foi meu braço direito durante a escrita deste livro. Como já disse a ele muitas vezes, valeu, Third! Agradeço também ao Felippe Hermes pelas ideias e pela ajuda na apuração de informações de alguns capítulos. E a Simone Costa, por evitar que erros fossem publicados.

O capítulo dois exigiu um esforço enorme – foram mais de setecentos questionários distribuídos em universidades brasileiras. Fiquei muito feliz por poder contar com a ajuda entusiasmada de integrantes da organização Estudantes pela Liberdade: Rafael Rota dal Molin, Gustavo Fogia, Victor Pegoraro, Carlos Conrad, João Lavinas, Matheus Bacila, Pablo Brito, Lorrayne Martins, Kaike Cunha, Lisliê Oliveira, Kaue Souza, Luis Eduardo Rodrigues, Rauan Costa, Eduardo Orsini, Andre Freo, Fernando Pertile e Fabricio Sanfelice. Agradeço também a minha ex-mulher Gisela Blanco, e meus queridos vizinhos Maria Clara Moura, Junia Pereira, Rogério Ceron-Litvoc e Gil Barros, que passaram noites me ajudando a tabular os dados. Obrigado!

# NOTAS

# BIBLIOGRAFIA E ÍNDICE

# CAPÍTULO 1 – LUCRO É ALEGRIA

1 Frei Vicente do Salvador, *A história do Brasil*, 1627. São Paulo: Weisflog irmãos, 1918, páginas 396 e 397. Disponível em: http://etnolinguistica.wdfiles.com/local--files/biblio%3Asalvador-1918-historia/salvador_1918_historia.pdf.

2 Steven Johnson, *Como chegamos até aqui*, Zahar, 2015, página 168.

3 Ibidem, página 168.

4 Ibidem, página 170.

5 Matt Ridley, *The Rational Optimist*. Fourth State, 2011, páginas 20 e 21.

6 *Folha da Manhã*, 6 de janeiro de 1937, página 8.

7 IBGE, Síntese de Indicadores Sociais – Uma análise das condições de vida da população brasileira 2014, tabela 2.

8 BBC, "Meet Marty Cooper – the inventor of the mobile phone", 23 de abril de 2010. Disponível em: news.bbc.co.uk/2/hi/8639590.stm.

9 Agência Paraná de Desenvolvimento, "Cadeias produtivas paranaenses". Disponível em: http://www.paranadesenvolvimento.pr.gov.br/arquivos/File/AlimentoseBebidas.pdf.

# CAPÍTULO 2 – O PODER DAS PALAVRAS

1 Disponível em: http://www.pewresearch.org/methodology/u-s-survey-research/questionnaire-design/.

# CAPÍTULO 3 – CEM MILHÕES DE POBRES A MENOS

1 Rafael Cariello, "O enigma e o demógrafo", *piauí*. Edição 80, maio de 2013.

2 Paula Laboissière, Agência Brasil, "Redução no número de filhos por família é maior entre os 20% mais pobres do país", 27 de março de 2015.

3 Rafael Cariello, "O enigma e o demógrafo", *piauí*. Edição 80, maio de 2013.

4 Ana Amélia Camarano (Org.), *Novo regime demográfico: Uma nova relação entre população e desenvolvimento?*, Rio de Janeiro: Ipea, 2014, página 259.

5 Fernando Siqueira dos Santos, 41º Encontro Nacional de Economia, "Ascensão e queda do desemprego no Brasil: 1998-2012".

6 Rodrigo Viga Gaier e Camila Moreira, Reuters, "Desemprego no Brasil recua a 4,3% em dezembro mas cenário é de fragilidade", 29 de janeiro de 2015.

7 André de Queiroz Brunelli, Banco Central do Brasil, "Two Decades of Structural Shifts in the Brazilian Labor Market: Assessing the Unemployment Rate Changes Through Stylized Facts on Labor Supply and Labor Demand", *Working Paper Series* nº 348, fevereiro de 2014.

# CAPÍTULO 4 – AS QUATRO CAUSAS DA DESIGUALDADE BRASILEIRA

1 Edward L. Glaeser, Social Science Research Network, "Inequality", *KSG Working Paper*, nº RWP05-056, outubro de 2005.

2   Erzo F. P. Luttmer, *Journal of Political Economy*, "Group Loyalty and the Taste for Redistribution", v. 109, nº 3, 2001.

3   Ricardo Hausmann e Miguel Székely, Inter-American Development Bank, "Inequality and the Family in Latin America", *IDB Working Paper*, nº 325.

4   Naercio A. Menezes Filho e Alison Pablo de Oliveira, Centro de Políticas Públicas – Insper, "A contribuição da educação para a queda na desigualdade de renda per capita no Brasil", *Policy Paper*, nº 9, janeiro de 2014.

5   Ana Amélia Camarano (Org.), *Novo Regime Demográfico: Uma nova relação entre população e desenvolvimento?*, Ipea, 2014, página 259.

6   Jerônimo Oliveira Muniz, *Revista Brasileira de Estudos de População*, "Demographic Dynamics of Poverty and Income Inequality: The Case of Brazil", v. 29, nº 2, julho/dezembro de 2012.

7   José Ricardo Roriz Coelho, *Folha de S.Paulo*, "Beneficiando monopólios, não consumidores", 16 de setembro de 2012.

8   *Exame*, "Escândalo se espalha com suposto envolvimento da Braskem", 16 de março de 2015.

9   *The Economist*, "Space and the City", 4 de abril de 2015.

10  Tyler Cowen, *Marginal Revolution*, "Matt Rognlie on Piketty, Net Capital Returns, and Housing", 20 de março de 2015.

11  G1, "39,5% dos brasileiros não possuem conta em banco, diz pesquisa", 8 de maio de 2013.

12  Jeremy Greenwood, Nezih Guner, Georgi Kocharkov e Cezar Santos, "Marry Your Like: Assortative Mating and Income Inequality", *NBER Working Paper*, nº 19.829, janeiro de 2014.

# CAPÍTULO 5 – BOLSA FAMÍLIA AO CONTRÁRIO

1   *The Economist*, "Helping the Poorest of the Poor", 8 de janeiro de 2015.

**2** *The New York Times*, "Brazil's Next Steps", 8 de outubro de 2013.

**3** Raphael Gomide, *Época*, "As filhas de servidores que ficam solteiras para ter direito a pensão do Estado", 19 de novembro de 2013.

**4** Roberto Campos, *A lanterna de popa: Memórias, volume 1*, Topbooks, páginas 193 e 194.

**5** Disponível em: https://veja.abril.com.br/economia/odebrecht-concentra-82-dos-repasses-do-bndes-no-exterior-em-10-anos/.

**6** Disponível em: https://veja.abril.com.br/blog/radar/eike-vai-a-cpi-do-bndes-explicar-emprestimos-de-r-10-bilhoes/.

**7** Disponível em: https://www.infomoney.com.br/mercados/politica/noticia/7986841/mpf-denuncia-joesley-mantega-e-mais-10-por-fraudes-em-aportes-do-bndes-para-jbs.

**8** A comparação é do político americano Harry Browne.

# CAPÍTULO 6 - O PT CONTRA O BOLSA FAMÍLIA

**1** Marcio Aith, *Folha de S.Paulo*, "Governo dos EUA diz que já não teme Lula presidente", 6 de setembro de 2001.

**2** Agência Estado, "Genoino não conhece a realidade brasileira, diz Paulo Renato", 14 de agosto de 2001.

**3** *Veja*, "O PT diz que não", 22 de agosto de 2001.

**4** Portal PDT, oitenta anos. Disponível em: http://www.pdt.org.br/pdt/lideres/verdades-e-mentiras-sobre-o-subdesenvolvimento/a-idade/80-anos.

**5** Walter Pinheiro, Câmara dos Deputados – Detaq, Sessão: 119.3.51.O.

**6** Gilmar Machado, Câmara dos Deputados – Detaq, Sessão: 004.5.51.E.

**7** Heloísa Helena, Senado Federal, "Texto integral de pronunciamento de Heloísa Helena em 01/08/2002", 1º de agosto de 2002.

8   Eduardo Suplicy, *Renda de cidadania*, Cortez, 2002, página 21.

9   *Folha de S.Paulo*, "Economista do PT faz críticas à proposta social de Palocci", 21 de abril de 2013.

10  Lena Lavinas, 21st Century Welfare, *New Left Review* 84, novembro/dezembro de 2013.

# CAPÍTULO 7 – EM DEFESA DOS INIMIGOS IMAGINÁRIOS

1   Míriam Leitão, *Saga brasileira*, Record, 2011, página 187.

2   Instituto Lula, "Lula fala de políticas inclusivas e erradicação da pobreza ao *Jornal de Angola*", 7 de maio de 2014.

3   N. Gregory Mankiw, *Introdução à economia*, Campus, 2001, página 156.

4   Walter Block, *Defendendo o indefensável*, Instituto Ludwig von Mises Brasil, 2010.

5   UOL, "Kraftwerk encanta com show 3D e rap se destaca no primeiro dia do Sónar em SP", 12 de maio de 2012.

6   Robert Neurwith, *Stealth of Nations*, Anchor, 2013, edição Kindle, posição 1555-1558.

7   Ibidem, posição 218-222.

8   Katia Camargo, *Correio Popular*, "A perigosa viagem nos ônibus clandestinos", 30 de dezembro de 2013.

9   Banco Central do Brasil, Nota para a imprensa, 23 de setembro de 2015 – Política Monetária e Operações de Crédito do Sistema Financeiro.

10  Banco Mundial, "Domestic Credit to Private Sector (% of GDP)". Disponível em: http://data.worldbank.org/indicator/FS.AST.PRVT.GD.ZS.

11  Gustavo H. B. Franco, *As leis secretas da economia*, Zahar, 2012, página 89.

# CAPÍTULO 8 – O MITO DO TRABALHO ESCRAVO

1 Ministério Público do Trabalho no Rio de Janeiro, "Resgatados onze trabalhadores escravos que atuavam em obra das Olimpíadas", 14 de agosto de 2015.

2 Portal Planalto, "Fiscalização liberta mais de 10 mil trabalhadores em situação de escravidão em quatro anos", 13 de maio de 2015.

3 BBC Brasil, "Estrangeiros resgatados de escravidão no Brasil são 'ponta de iceberg'", 13 de maio de 2013.

4 Organização Internacional do Trabalho, "Uma aliança global contra o Trabalho Forçado", 2005, página 13.

5 G1 Tocantins, "Auditor do Ministério do Trabalho é investigado por irregularidades", 5 de julho de 2014.

6 Supremo Tribunal Federal, inquérito 2.131. Disponível em: www.stf.jus.br/portal/processo/verProcessoPeca.asp? id=85909212&tipo App=.pdf.

7 Idem.

8 Paul Krugman, "Reckonings; Hearts and Heads", *The New York Times*, 22 de abril de 2001.

9 Benjamin Powell, *Sweatshops*, Cambridge University Press, 2014, página 67.

10 Nassim Nicholas Taleb, *The Black Swan*, Penguin, 2010, página 111.

# CAPÍTULO 9 – AS LEIS TRABALHISTAS PREJUDICAM OS TRABALHADORES

1 Banco Mundial, "A epidemia do tabagismo – Os governos e os aspectos econômicos do controle do tabaco", 1ª edição, 2000.

2   Presidência da República, "Decreto-lei nº 5.452, de 1º de maio de 1943". Disponível em: www.planalto.gov.br/ccivil_03/decreto-lei/del5452.htm.

3   University of Bath, "Strict Labour Market Regulation Increases Global Unemployment, Study Shows", 17 de março de 2009.

4   Simeon Djankov e Rita Ramalho, "Employment Laws in Developing Countries". *Journal of Comparative Economics*, nº 37, 2009, página 7.

5   Simeon Djankov e Rita Ramalho, página 4.

6   Idem.

7   Ricardo Paes de Barros e Carlos Henrique Corseuil, "The Impact of Regulations on Brazilian Labor Market Performance", Inter-American Development Bank, *Research Network Working paper*, #R-427, outubro de 2001, página 8.

8   Mariano Bosch, Edwin Goni e William F. Maloney, "The Determinants of Rising Informality in Brazil: Evidence From Gross Worker Flows", *IZA Discussion Papers*, nº 2970, 2007, página 42.

9   Walter Williams, *Race and Economics: How Much Can Be Blamed on Discrimination?*, Hoover Institution Press, Stanford, 2011, edição Kindle, posição 614.

10  Idem.

11  N. Gregory Mankiw, *Introdução à economia*, Campus, 2001, página 127.

12  Ronald G. Ehrenberg e Robert S. Smith, *Modern Labor Economics: Theory and Public Policy*, 11ª edição, Prentice Hall, 2001, página 114.

13  David Neumark, William Wascher, "Minimum Wages and Employment: A Review of Evidence from the New Minimum Wage Research", *NBER Working Paper*, nº 12663, novembro de 2006.

14  Daniel Bergamasco, Arnaldo Lorençato, Mariana Gabellini e Taciana Azevedo, *Veja SP*, "Pesquisa: 87% dos garçons que atuam em São Paulo vêm de fora da cidade", 26 de agosto de 2011.

15  *The Economist*, "The Logical Floor", 14 de dezembro de 2013.

16  Mansueto Almeida, "O debate do salário-mínimo aqui e lá fora", 30 de dezembro de 2013. Disponível em: https://mansueto.wordpress.com/2013/12/30/o-debate-do-salario-minimo-aqui-e-la-fora/.

17 Clarice Spitz, *O Globo*, "Ricardo Paes de Barros: 'Crescer é a melhor política social no Brasil'", 14 de abril de 2015.

18 Luiz Guilherme Gerbelli, *O Estado de S. Paulo*, "Ampliar produtividade é o mais importante", 28 de dezembro de 2014.

19 Eduardo Porter, *O preço de todas as coisas*, Objetiva, 2001, página 110.

20 Pedro Cavalcanti Ferreira, "Por que a produtividade do trabalhador brasileiro é tão baixa?", *Folha de S.Paulo*, 25 de janeiro de 2015.

# CAPÍTULO 10 – A IRRELEVÂNCIA DOS SINDICATOS

1 Gabriel Castro, *Veja*, "Líder de caminhoneiros ataca governo e descarta proposta", 25 de fevereiro de 2015.

2 *Fantástico*, "Dirigentes de sindicatos enriquecem com desvio de dinheiro", 14 de junho de 2015.

3 Cássia Almeida, Lucianne Carneiro, *O Globo*, "Com mais de 250 novos sindicatos por ano, Brasil já tem mais de 15 mil entidades", 29 de abril de 2013.

4 Idem.

# CAPÍTULO 11 – POR QUE AS MULHERES GANHAM MENOS QUE OS HOMENS

1 Karina Trevizan, G1, "Presença feminina no mercado de trabalho aumenta em 2012, diz IBGE", 12 de dezembro de 2014.

2 Guilherme Stein, Vanessa Neumann Sulzbach e Mariana Bartels, Fundação de Economia e Estatística, "Relatório sobre o mercado

de trabalho 2001-2013", 2015. Disponível em: www.fee.rs.gov.br/wp-content/uploads/2015/04/20150504relatorio-sobre-o-mercado-de-trabalho-do-rio-grande-do-sul-2001-13.pdf.

3   Claudia Gasparini, Exame.com, "Os 15 maiores salários na área médica", 17 de outubro de 2014.

4   Cremesp, "Demografia médica no Brasil, volume 1, 2011". Disponível em: http://portal.cfm.org.br/images/stories/pdf/demografiamedicanobrasil.pdf.

5   IBGE, "Pesquisa mensal de emprego – Mulher no mercado de trabalho: perguntas e respostas", 8 de março de 2012.

6   Ministério da Previdência Social, "Números de 2013. AEPS 2013 – Seção IV – Acidentes do Trabalho". Disponível em: http://www.previdencia.gov.br/dados-abertos/aeps-2013-anuario-estatistico-da-previdencia-social-2013/aeps-2013-secao-iv-acidentes-do-trabalho/aeps-2013-secao-iv-acidentes-do-trabalho-tabelas/.

7   Guilherme Stein, Vanessa Neumann Sulzbach e Mariana Bartels, 2015.

8   Shikha Dalmia, *Reason Foundation*, "An Argument for Opening America's Borders", 2012.

9   Gordon H. Hanson, *Journal of Comparative Economics*, "Immigration and Economic Growth", nº 37, outubro de 2008.

10  Fundação de Economia e Estatística, "FEE analisa a renda do trabalhador gaúcho", 29 de abril de 2015. Disponível em: http://www.fee.rs.gov.br/fee-analisa-renda-trabalhador-gaucho/.

# CAPÍTULO 12 – MUITO ALÉM DA PETROBRAS

1   O cientista político Mancur Olson apresentou e desenvolveu essa ideia no livro *A lógica da ação coletiva*, de 1965.

2   Aqui a fonte é o artigo "The Paradox of Revolution", publicado por Gordon Tullock em 1971.

3 Terry Anderson e Shawn Regan, *Property and Enviroment Research Center*, "Shoot an elephant, save a community", 6 de junho de 2011.

4 Jovem Pan, "Planetários de São Paulo seguem fechados e com problemas estruturais", 21 de março de 2015. Disponível em: www.jovempan.uol.com.br/noticias/brasil/sao-paulo/planetarios-de-sao-paulo-seguem-fechados-e-com-problemas-estruturais.html.

5 Kátia Chiaradia, *Ao amigo Franckie, do seu Lobato: Estudo da correspondência entre Monteiro Lobato e Charles Franckie (1934-37) e sua presença em* O escândalo do petróleo *(1936) e* O preço do Visconde *(1937)*, página 105, dissertação de mestrado, Unicamp, 2008.

6 Ibidem, página 225.

7 Stanford University, *National Charter School Study*, Center for Research on Education Outcomes, 2013.

# CAPÍTULO 13 – AS TOLICES QUE ELES DISSERAM

1 Aloizio Mercadante, "Plano Cruzado: Aloizio Mercadante no supermercado, 1986". Disponível em: www.youtube.com/watch?v=MULFvukDlGY.

2 Míriam Leitão, *Saga brasileira*, Record, página 287.

3 Maria da Conceição Tavares, "Maria Conceição Tavares Plano Cruzado 1986". Disponível em: www.youtube.com/watch?v=7p9Xt9z5PSs.

4 Cássia Almeida, *O Globo*, "Plano Cruzado: Lançamento ficou marcado por imagem de Maria da Conceição Tavares chorando na TV", 1º de julho de 2015. Disponível em: http://oglobo.globo.com/economia/plano-cruzado-lancamento-ficou-marcado-por-imagem-de-maria-da-conceicao-tavares-chorando-na-tv-16618010.

5 Disponível em: www1.folha.uol.com.br/fsp/1994/7/31/opiniao/4.html.

6 Disponível em: http://ricamconsultoria.com.br/news/artigos/bovespa-alta-de-2009-e-a-ponta-do-iceberg.

7 Disponível em: http://ricamconsultoria.com.br/news/artigos/palestra_perspectivas_taxa_de_cambio-2.

8 Disponível em: www1.folha.uol.com.br/fsp/mundo/ft2609201111.htm?mobile.

9 Disponível em: http://oglobo.globo.com/economia/ogx-osx-de-eike-de-volta-as-apostas-dos-investidores-7414076.

# CAPÍTULO 14 – AUTOSSUFICIÊNCIA É COISA DE POBRE

1 Matt Ridley, *The Origins of Virtue*, Penguin, 1996, página 200.

2 Haim Ofek, *Second Nature*, Cambridge University Press, 2001, página 1.

3 Matt Ridley, *The Origins of Virtue*, Penguin, 1996, página 95.

4 Matt Ridley, *The Rational Optimist*, Fourth State, London, 2011, páginas 89 e 90.

5 Paul Krugman, "Ricardo's Difficult Idea". Disponível em: http://web.mit.edu/krugman/www/ricardo.htm.

# CAPÍTULO 15 – A INDÚSTRIA MIMADA

1 Câmara dos Deputados, "Legislação Informatizada – Alvará de 28 de abril de 1809 – Publicação Original". Disponível em: www2.camara.leg.br/legin/fed/alvara/anterioresa1824/alvara-40051-28-abril-1809-571629-publicacaosrcinal-94774-pe.html.

**2** BNDES, Estatísticas operacionais do Sistema BNDES. Disponível em: www.bndes.gov.br/SiteBNDES/bndes/bndes_pt/Institucional/BNDES_Transparente/Estatisticas_Operacionais/.

**3** Flávio Rabelo Versiani, "As longas raízes do protecionismo: 1930 e as relações entre indústria e governo", *Revista Economia*, setembro/dezembro de 2012, página 880.

**4** Adler Homero Fonseca de Castro, Biblioteca Nacional, "Uniformes da Guerra do Paraguai".

**5** Fiesp – Departamento de Competitividade e Tecnologia – De – Comtec, "A participação da indústria de transformação no PIB: Novas séries, piores resultados".

**6** Humberto Maia Júnior, "É hora de a indústria brasileira encarar a competição", *Exame*, 21 de agosto de 2013.

**7** Idem.

**8** Karen Giane Borges, "Política protecionista no II PND", Florianópolis, 2008, Universidade Federal de Santa Catarina, 2008.

**9** Tonico Ferreira, *Jornal Nacional*, "Especialistas apontam vantagens e desvantagens do protecionismo", 23 de maio de 2012.

**10** Pedro Cavalcanti e Renato Fragelli, "Quem ama dá limites", *Valor Econômico*, 11 de novembro de 2011.

**11** Roberto Campos, *Guia para os perplexos*, Nórdica, 1988, página 144.

**12** Eugênio Gudin, "O caso das nações subdesenvolvidas", *Revista Brasileira de Economia*, v. 6, nº 3, Rio de Janeiro, setembro de 1952, página 20.

**13** Flávio Rabelo Versiani, *Economia*, "As longas raízes do protecionismo: 1930 e as relações entre indústria e governo", setembro/dezembro de 2012.

**14** Ministério da Fazenda, Relatório apresentado ao presidente da República dos Estados Unidos do Brazil pelo Ministro de Estado dos Negócios da Fazenda Bernardino de Campos no anno de 1898, 10º da República, páginas 256 e 257. Disponível em: https://archive.org/details/rmfazenda1897.

# CAPÍTULO 16 – UMA HISTÓRIA MUITAS VEZES VISTA NESTE PAÍS

1 Alcindo Guanabara, *A presidência Campos Salles*, Senado Federal, 2002, página 208.

2 Disponível em: http://ipea.gov.br/agencia/images/stories/PDFs/TDs/td_1469.pdf.

3 IBGE, Estatísticas do século 20. Disponível em: http://seculoxx.ibge.gov.br/economicas/setor-externo/tabelas.

4 Steven Topik, *A presença do Estado na economia política do Brasil de 1889 a 1930*, Record, 1987, página 114.

5 Barbara Weinstein, *The Amazon Rubber Boom, 1850-1920*. Stanford: Stanford University Press, 1983.

6 Peter Moon, "O primeiro boom capitalista do Brasil", *Época*, 12 de abril de 2008.

7 Pedro Cezar Dutra Fonseca e Sérgio Marley Modesto Monteiro, "Credibilidade e populismo no Brasil: a política econômica dos governos Vargas e Goulart", *Revista Brasileira de Economia*, v. 59, nº 2, Rio de Janeiro, abril/junho de 2005.

8 Míriam Leitão, *Saga brasileira*, Record, 2011, página 89.

9 Ibidem, página 91.

10 Gustavo Patu, "Infraestrutura e estatais aproximam Dilma de Geisel", *Folha de S.Paulo*, 20 de outubro de 2012.

# BIBLIOGRAFIA

BLOCK, Walter, *Defendendo o indefensável*, Instituto Ludwig von Mises Brasil, 2010.

CAMARANO, Ana Amélia Camarano (Org.), *Novo regime demográfico: Uma nova relação entre população e desenvolvimento?*, Ipea, 2014.

CAMPOS, Roberto, *Guia para os perplexos*, Nórdica, 1988.

\_\_\_\_, *A lanterna na popa*, volumes 1 e 2, Topbooks, 2004.

EHRENBERG, Ronald G; SMITH, Robert S., *Modern Labor Economics: Theory and Public Policy*, Prentice Hall, 2001.

FRANCO, Gustavo H. B., *As leis secretas da economia*, Zahar, 2012.

GUANABARA, Alcindo, *A presidência Campos Salles*, Senado Federal, 2002.

JOHNSON, Steven. *Como chegamos até aqui*, Zahar, 2015.

LEITÃO, Míriam, *Saga brasileira*, Record, 2011.

MANKIW, Gregory, *Introdução à economia*, Campus, 2001.

NEURWITH, Robert, *Stealth of Nations*, Anchor, 2013.

PORTER, Eduardo, *O preço de todas as coisas*, Objetiva, 2001.

POWELL, Benjamin, *Sweatshops*, Cambridge University Press, 2014.

RIDLEY, Matt, *The Origins of Virtue*, Penguin, 1996.

\_\_\_\_, *The Rational Optimist*. Fourth State, 2011.

SALVADOR, Frei Vicente do, *A história do Brasil*, Weisflog Irmãos, 1918.

SUPLICY, Eduardo, *Renda de cidadania*, Cortez, 2002.

TALEB, Nassim Nicholas, *The Black Swan*, Penguin, 2010.

TOPIK, Steven, *A presença do Estado na economia política do Brasil de 1889 a 1930*, Record, 1987.

WEINSTEIN, Barbara, *The Amazon Rubber Boom, 1850-1920*, Stanford University Press, 1983.

WILLIAMS, Walter, *Race and Economics: How Much Can Be Blamed on Discrimination?*, Hoover Institution Press, Stanford, 2011.

## ARTIGOS E NOTÍCIAS DE JORNAIS E REVISTAS

AGÊNCIA BRASIL, "Redução no número de filhos por família é maior entre os 20% mais pobres do país", 27 de março de 2015.

AGÊNCIA ESTADO, "Genoino não conhece a realidade brasileira, diz Paulo Renato", 14 de agosto de 2001.

BBC Brasil, "Estrangeiros resgatados de escravidão no Brasil são 'ponta de iceberg'", 13 de maio de 2013.

BBC, "Meet Marty Cooper: The Inventor of the Mobile Phone", 23 de abril de 2010.

BRESSER-PEREIRA, Luiz Carlos, "De volta ao desenvolvimentismo", *Folha de S.Paulo*, 26 de setembro de 2011.

CAVALCANTI, Pedro; FRAGELLI, Cavalcanti, "Quem ama dá limites", *Valor Econômico*, 11 de novembro de 2011.

COELHO, José Ricardo Roriz, "Beneficiando monopólios, não consumidores", *Folha de S.Paulo*, 16 de setembro de 2012.

CORREIO POPULAR, "A perigosa viagem nos ônibus clandestinos", 30 de dezembro de 2013.

ÉPOCA, "As filhas de servidores que ficam solteiras para ter direito a pensão do Estado", 19 de novembro de 2013.

\_\_\_\_, "O primeiro boom capitalista do Brasil", 12 de abril de 2008.

EXAME, "É hora de a indústria brasileira encarar a competição", 21 de agosto de 2013.

EXAME, "Escândalo se espalha com suposto envolvimento da Braskem", 16 de março de 2015.

\_\_\_\_, "Os 15 maiores salários na área médica", 17 de outubro de 2014.

FANTÁSTICO, "Dirigentes de sindicatos enriquecem com desvio de dinheiro", 14 de junho de 2015.

FOLHA DA MANHÃ, 6 de janeiro de 1937.

FOLHA DE S.PAULO, "Por que a produtividade do trabalhador brasileiro é tão baixa?", 25 de janeiro de 2015.

\_\_\_\_, "Cambistas vendem ingresso do Lolla por preço menor que meia-entrada", 28 de março de 2015.

\_\_\_\_, "Economista do PT faz críticas à proposta social de Palocci", 21 de abril de 2013.

\_\_\_\_, "Governo dos EUA diz que já não teme Lula presidente", 6 de setembro de 2001.

\_\_\_\_, "Infraestrutura e estatais aproximam Dilma de Geisel", 20 de outubro de 2012.

G1, "39,5% dos brasileiros não possuem conta em banco, diz pesquisa", 8 de maio de 2013.

\_\_\_\_, "Auditor do Ministério do Trabalho é investigado por irregularidades", 5 de julho de 2014.

\_\_\_\_, "Dívida pública sobe de 8,15% em 2014, para R$ 2,29 trilhões", 28 de janeiro de 2015.

\_\_\_\_, "Presença feminina no mercado de trabalho aumenta em 2012, diz IBGE", 12 de dezembro de 2014.

JORNAL NACIONAL, "Especialistas apontam vantagens e desvantagens do protecionismo", 23 de maio de 2012.

JOVEM PAN, "Planetários de São Paulo seguem fechados e com problemas estruturais", 21 de março de 2015.

KRUGMAN, Paul, "Reckonings; Hearts And Heads", *The New York Times*, 22 de abril de 2001.

LAVINAS, Lena Lavinas, "21st Century Welfare", *New Left Review 84*, novembro-dezembro de 2013.

O ESTADO DE S. PAULO, "Ampliar produtividade é o mais importante", 28 de dezembro de 2014.

O GLOBO, Ricardo Paes de Barros: "Crescer é a melhor política social no Brasil', 14 de abril de 2015.

\_\_\_\_\_, "Plano Cruzado: lançamento ficou marcado por imagem de Maria da Conceição Tavares chorando na TV", 1º de julho de 2015

\_\_\_\_\_, "Com mais de 250 novos sindicatos por ano, Brasil já tem mais de 15 mil entidades", 29 de abril de 2013.

\_\_\_\_\_, "OGX e OSX, de Eike, de volta às apostas dos investidores", 27 de janeiro de 2013

PIAUÍ, "O enigma e o demógrafo", edição 80, maio de 2013.

REUTERS, "Desemprego no Brasil recua a 4,3% em dezembro mas cenário é de fragilidade", 29 de janeiro de 2015.

THE ECONOMIST, "Helping the Poorest of the Poor", 8 de janeiro de 2015.

\_\_\_\_\_, "Space and the City", 4 de abril de 2015.

\_\_\_\_\_, "The Logical Floor", 14 de dezembro de 2013.

THE NEW YORK TIMES, "Brazil's Next Steps", 8 de outubro de 2013.

UOL, "Cambistas vendem ingressos por menos da metade do preço no 1º dia do Sónar SP", 12 de maio de 2012.

VEJA, "Líder de caminhoneiros ataca governo e descarta proposta", 25 de fevereiro de 2015.

\_\_\_\_\_, "O PT diz que não", 22 de agosto de 2001.

VEJA SP, "Pesquisa: 87% dos garçons que atuam em São Paulo vêm de fora da cidade", 26 de agosto de 2011.

## PUBLICAÇÕES CIENTÍFICAS

BARROS, Ricardo Paes de; CORSEUIL, Carlos Henrique, "The Impact of Regulations on Brazilian Labor Market Performance", Inter-American Development Bank, *Research Network Working paper*, #R-427, outubro de 2001.

BORGES, Karen Giane, "Política protecionista no II PND", Florianópolis, 2008, Universidade Federal de Santa Catarina, 2008.

BOSCH, Mariano; GONI, Edwin; MALONEY, William F., "The Determinants of Rising Informality in Brazil: Evidence from Gross Worker Flows", *IZA Discussion Papers*, nº 2970, 2007

BRUNELLI, André de Queiroz, "Two Decades of Structural Shifts in the Brazilian Labor Market: Assessing the Unemployment Rate Changes Through Stylized Facts on Labor Supply and Labor Demand", Banco Central do Brasil, *Working Paper Series* 348, fevereiro de 2014.

CHIARADIA, Kátia, *Ao amigo Franckie, do seu Lobato: Estudo da correspondência entre Monteiro Lobato e Charles Franckie (1934-37)*, dissertação de mestrado, Unicamp, 2008.

DJANKOV, Simeon; RAMALHO, Rita, "Employment Laws in Developing Countries". *Journal of Comparative Economics*, nº 37, 2009.

FONSECA, Pedro Cezar Dutra; MONTEIRO, Sérgio Marley Modesto, "Credibilidade e populismo no Brasil: A política econômica dos governos Vargas e Goulart", *Revista Brasileira de Economia*, v. 59, nº 2, Rio de Janeiro, abril/junho de 2005.

GLAESER, Edward L., "Inequality", *KSG Working Paper*, nº RWP05-056, Social Science Research Network, outubro de 2005.

GREENWOOD, Jeremy; GUNER, Nezih; KOCHARKOV, Georgi; SANTOS, Cezar, "Marry Your Like: Assortative Mating and Income Inequality", *NBER Working Paper*, nº 19.829, janeiro de 2014.

GUDIN, Eugênio, "O caso das nações subdesenvolvidas", *Revista Brasileira de Economia*, v. 6, nº 3, Rio de Janeiro, setembro de 1952.

HANSON, Gordon H., "Immigration and Economic Growth", *Journal of Comparative Economics*, outubro de 2008.

HAUSMANN, Ricardo; SZÉKELY, Miguel, "Inequality and the Family in Latin America", *IDB Working Paper*, nº 325.

LUTTMER, Erzo F. P., "Group Loyalty and the Taste for Redistribution", *Journal of Political Economy*, v. 109, nº 3, 2001.

MENEZES FILHO, Naercio A.; OLIVEIRA, Alison Pablo de, Centro de Políticas Públicas – Insper, "A contribuição da educação para a queda na desigualdade de renda per capita no Brasil", Policy Paper nº 9, janeiro de 2014.

MUNIZ, Jerônimo Oliveira, "Demographic Dynamics of Poverty and Income Inequality: The Case of Brazil", *Revista Brasileira de Estudos de População*, v. 29, nº 2, julho/dezembro de 2012.

NEUMARK, David; WASCHER, William, "Minimum Wages and Employment: A Review of Evidence from the New Minimum Wage Research", *NBER Working Paper*, nº 12.663, novembro de 2006.

SANTOS, Fernando Siqueira dos, "Ascensão e queda do desemprego no Brasil: 1998-2012", 41º Encontro Nacional de Economia, 2014.

TULLOCK, "The Paradox of Revolution", *Public Choice*, v. 11, 1971.

VERSIANI, Flávio Rabelo, "As longas raízes do protecionismo: 1930 e as relações entre indústria e governo", *Revista Economia*, setembro/dezembro de 2012.

# PÁGINAS CONSULTADAS

AGÊNCIA PARANÁ DE DESENVOLVIMENTO, "Cadeias Produtivas Paranaenses".

ALMEIDA, Mansueto, "O debate do salário-mínimo aqui e lá fora".

BANCO CENTRAL DO BRASIL, "Nota para a imprensa".

BANCO MUNDIAL, "A epidemia do tabagismo – Os governos e os aspectos econômicos do controle do tabaco".

_____, "Domestic credit to private sector (% of GDP)".

BIBLIOTECA NACIONAL, "Uniformes da Guerra do Paraguai".

BNDES, Estatísticas operacionais do Sistema BNDES.

CÂMARA DOS DEPUTADOS, "Legislação Informatizada – ALVARÁ DE 28 DE ABRIL DE 1809 – Publicação Original".

CREMESP, "Demografia Médica no Brasil, volume 1, 2011".

FIESP – DEPARTAMENTO DE COMPETITIVIDADE E TECNOLOGIA, "A participação da indústria de transformação no PIB: novas séries, piores resultados".

FUNDAÇÃO DE ECONOMIA E ESTATÍSTICA, "FEE analisa a renda do trabalhador gaúcho".

\_\_\_\_\_, "Relatório sobre o mercado de trabalho 2001-2013".

HELENA, Heloísa; Senado Federal, "Texto Integral de Pronunciamento de Heloísa Helena em 1/08/2002".

IBGE, "Pesquisa mensal de emprego – Mulher no mercado de trabalho: perguntas e respostas".

\_\_\_\_\_, Estatísticas do século 20.

\_\_\_\_\_, Síntese de Indicadores Sociais – Uma análise das condições de vida da população brasileira 2014, tabela 2.

INSTITUTO LULA, "Lula fala de políticas inclusivas e erradicação da pobreza ao *Jornal de Angola*".

KRUGMAN, PAUL. "Ricardo's Difficult Idea".

MACHADO, Gilmar, Câmara dos Deputados – Detaq, Sessão: 004.5.51.E.

MINISTÉRIO DA FAZENDA, "Relatório apresentado ao presidente da República dos Estados Unidos do Brazil pelo Ministro de Estado dos Negócios da Fazenda Bernardino de Campos no anno de 1898, 10º da República", páginas 256 e 257.

MINISTÉRIO DA PREVIDÊNCIA SOCIAL, "Números de 2013. AEPS 2013 – Seção IV – Acidentes do Trabalho".

MINISTÉRIO PÚBLICO DO TRABALHO NO RIO DE JANEIRO, "Resgatados 11 trabalhadores escravos que atuavam em obra das Olimpíadas".

ORGANIZAÇÃO INTERNACIONAL DO TRABALHO, "Uma aliança global contra o Trabalho Forçado", 2005.

PINHEIRO, Walter. Câmara dos Deputados – Detaq, Sessão: 119.3.51.O.

PORTAL PDT 80 anos.

PORTAL PLANALTO, "Fiscalização liberta mais de 10 mil trabalhadores em situação de escravidão em 4 anos".

PRESIDÊNCIA DA REPÚBLICA, "Decreto-lei nº 5.452, de 1º de maio de 1943".

PROPERTY AND ENVIROMENT RESEARCH CENTER, "Shoot an elephant, save a community".

REASON FOUNDATION, "An Argument for Opening America's Borders".

RICARDO AMORIM, "Bovespa: alta de 2009 é a ponta do iceberg".

\_\_\_\_\_, "Novo patamar do dólar. Será?".

SUPREMO TRIBUNAL FEDERAL, inquérito 2.131.

UNIVERSITY OF BATH, "Strict labour market regulation increases global unemployment, study shows".

YOUTUBE, "Plano Cruzado: Aloizio Mercadante no supermercado, 1986".

\_\_\_\_\_, "Maria Conceição Tavares Plano Cruzado 1986".

# ÍNDICE

## A

Abijaodi, Carlos, 218
Academia Brasileira de Direito do Trabalho, 120
ação coletiva, 176
acidentes de trabalho, 160, 167-8
África do Sul, 100, 143
"Agenda perdida" (Paes de Barros), 89
agiotas, 110, 112
aids, 42
alavancagem, 110
Alckmin, Geraldo, 29-30, 35
Almeida, Mansueto, 146
Amorim, Ricardo, 193-4
*Anarquia, Estado e utopia* (Nozick), 51
apartheid, 100
aposentadoria, 66, 71, 79;
   de militares, 72;
   de servidores públicos, 71
Apple, 220
Aranha, Oswaldo, 232
assistência social, 31-3
Associação Brasileira da Indústria do Plástico, 64
ativistas, 13, 117-8, 121-2, 126, 129-30, 143, 151, 153
auditores do trabalho, 116-7, 121-4
Austrália, 13, 205
autossuficiência, 13, 201, 204-6, 210

## B

Bahia, 17, 54, 179, 181
balança comercial, 217
baleias, caça às, 18
Banco Central, 194, 234-5
Banco do Brasil, 30
Banco Mundial, 89, 135, 138
banqueiros, 95, 107-10, 112, 206, 230
Barbosa, Rui, 228
Batista, Eike, 78, 196-7
Beetge, Gert, 143
bens coletivos, 106, 176-7
Berquó, Elza, 42
Block, Walter, 100, 112
BNDES, 11, 76-9, 216, 228, 236
Bohan, Merwin, 76
Bolsa de Valores, 195, 197, 207, 233;
   Bovespa, 193
Bolsa Escola, 83-7
Bolsa Família, 31, 39, 42, 66, 71-91, 87, 118, 184
Bosch, Mariano, 137
Braskem, 64-5
Brastemp, 24, 170
Bresser-Pereira, Luiz Carlos, 98, 194-5
Brizola, Leonel, 85
Brunelli, André de Queiroz, 44
Buarque, Chico, 51
Buarque, Cristovam, 84
Buffett, Warren, 192

## C

caçadores-coletores, 207
cadeias globais de produção, 218
Caixa Econômica Federal, 73-4
Camarano, Ana Amélia, 43, 61
câmbio, 95, 97, 194-5
cambistas, 95, 99-101, 107, 112
Campello, Tereza, 42
Campos Salles, Manuel Ferraz de, 227-32, 234, 238
Campos, Bernardino de, 222
Campos, Lauro, 85
Campos, Roberto, 75, 77-8, 220, 237
Canadá, 137, 177, 205
*capital no século 21, O* (Piketty), 65
*Capitalismo e liberdade* (Friedman), 88, 90
Caplan, Bryan, 219

Card, David, 144
Cardoso, Fernando Henrique, 39, 83-5, 87, 95, 191-2, 194, 228-9, 231
Carta aos Brasileiros, 234
Castello Branco, Humberto de Alencar, 228-32, 238
Cavalcanti Ferreira, Pedro, 153, 220
CCR Rodovias, 196
Central Única dos Trabalhadores (CUT), 151, 189
Chateaubriand Bandeira de Mello, Francisco de Assis, 181
Chiaradia, Kátia, 182
Chile, 91, 177, 205
China, 63, 137, 152, 209, 217
Coase, Ronald, 177-8
Collor de Mello, Fernando, 77, 84, 190, 219-21
Colômbia, 104
comércio internacional, 105, 205, 217
Comissão Econômica para América Latina e Caribe (Cepal), 205
Companhia Petróleos do Brasil, 183
concentração de renda, 49, 51-2, 56, 62, 71
Confederação Nacional da Indústria, 218
Conselho Participativo Municipal (São Paulo), 118
Consolidação das Leis do Trabalho (CLT), 129, 136
construção civil, 233
Consul, 24, 170
Copa do Mundo de futebol, 100, 181
Corn Laws (Leis dos Grãos, Inglaterra), 105
correção monetária, 230
Costa e Silva, Artur da, 233
Costa, Diogo, 130, 239
Costa, Paulo Roberto, 65
Covas, Mario, 191
Cuba, 78

## D

Dalmia, Shikha, 169
desemprego, 44-5, 59, 136, 141, 144-6, 192;
  e fecundidade, 44-5;
  e salário-mínimo, 62, 88, 138-9, 141-7, 149, 169

desigualdade social, 49, 56, 61
  e emancipação feminina, 67;
  e fecundidade, 59;
  e liberdade, 49-50;
  e riqueza, 63
Dimenstein, Gilberto, 191
Dinamarca, 53, 55, 58, 160, 162
ditaduras, 78-9, 175, 205, 227-8
dívida externa, 227, 230-2, 237

## E

*Economist, The*, 71, 145
Edison, Thomas, 18
educação, 39, 40, 53, 60-1, 71, 94, 152, 166, 184-6
Ellery, Roberto, 219
emancipação feminina, 168
Empiricus, consultoria, 197-8
empregadas domésticas, 74, 153-5, 166
Encilhamento, 228
Enem, 56
*Época*, 72
escolas charter (EUA), 185-6
Espanha, 52, 138
especialização, 206-9, 211
especulador imobiliário, 111
especuladores, 95-8, 101, 111-2
Estados Unidos, 18-9, 25, 53, 67, 97, 109-10, 136-9, 141, 143-5, 165, 177, 185, 218
  sistema bancário, 110;
  volume de crédito, 109
Estudantes pela Liberdade, 30, 239
*Exame*, 123, 218

## F

Fabre, Luiz, 130
Fazenda Boa Vista, Tocantins, 124
Fazenda Ouro Verde, Pará, 125
*Feitiço do tempo* (filme), 227, 238

FGTS, 11, 73-5, 135, 137, 160
Fies, 185
Finlândia, 136
Floresta Amazônica, 178
*Folha de S.Paulo*, 83, 89, 190-1, 195
Fome Zero, 87
Força Sindical, 161
Fraga, Armínio, 89
Fragelli, Renato, 220
França, 135, 146, 149, 186, 209
Francisco, papa, 165
Franco, Gustavo, 110
Frankie, Charles, 182-3
frete, 159
Friedman, Milton, 87-8, 90, 105
funcionários públicos, 66, 71-2, 107
Fundação de Economia e Estatística (FEE-RGS), 170
Fundação Getulio Vargas, 44, 135
Fundo Monetário Internacional (FMI), 141, 193, 231, 234
Furlan, Flávia, 123, 239

## G

Gandhi, 205
Garcia, Marco Aurélio, 191
Geisel, Ernesto, 219, 236-7
Genoino, José, 83
Gini, coeficiente de, 50, 53-5, 66-7
Glaeser, Edward, 53, 55, 57
*Globo, O*, 150, 198
Goldin, Claudia, 167
Goni, Edwin, 137
Goulart, João, 229
greve dos caminhoneiros, 159-60
Gudin, Eugênio, 222
Guerra, Erenice, 236
Guiné Equatorial, 137-8

## H

Hanson, Gordon, 169
Hausmann, Ricardo, 59-60
Havaianas, 218
Hayek, Friedrich von, 87-8
Heloísa Helena, 86
Holambra, SP, 182
Homer Simpson, 235
Hypermarcas, 196

## I

Ibama, 178
IBGE, 74, 229
ID Brasil Cultura, 181
ideologia, 124, 153
iG, portal de internet, 195-6
imigrantes, 45, 53, 115, 118, 129-31, 138, 141, 143, 169
importação, 33-5, 64, 103, 105, 141, 152, 205, 216, 218-9, 221-2, 237
imposto de renda, 74, 85, 88, 90, 229
    negativo, 88, 90
Imposto sobre a Circulação de Mercadorias e Serviços (ICMS), 229
Imposto sobre Produtos Industrializados (IPI), 215, 229
impostos, 31-4, 74-5, 77, 85, 90, 103-6, 135, 180, 205, 218, 221, 229, 232, 238
Índia, 137, 205
Índice de Desenvolvimento Humano, 39
Índice de Preços ao Consumidor, 237
Indonésia, 136, 138
indústria, 203, 205, 210-22, 231
    têxtil, 216
inflação, 39, 43, 65, 72-3, 76, 79, 95, 108, 144, 154, 189-92, 194-5, 221, 227-9, 231-2, 235, 237
Inglaterra, 60, 97, 105, 107, 109, 138, 149, 205, 209, 215
INSS, 135
Instituto Brasileiro de Ética Concorrencial, 107, 181
Instituto Fundo Devido ao Trabalhador, 73

Ipea, 43, 61, 66, 141, 147, 230
iPhone, 218
Itália, 136, 159
Itaú Unibanco, 196

## J

*jangada de pedra, A* (Saramago), 52
Japão, 54, 139, 162
Jereissati, Tasso, 191
Jesus, 88
João VI, dom, 181, 215-6
Jobs, Steve, 102, 222
Johnson, Steven, 18
José Dirceu, 191
Jucá, Romero, 122
Justiça do Trabalho, 139, 143

## K

King's College, Londres, 130
Kipp, 186
Kristof, Nicholas, 127
Krueger, Alan, 144
Krugman, Paul, 127, 150, 211
Kubitschek, Juscelino, 205, 229

## L

lâmpada elétrica, 18-9
Langoni, Carlos, 60
Lavoisier, Antoine, 78
Lei da Informática (1984), 219
lei da oferta e da procura, 23, 99, 150-1, 155, 167
Lei da Usura, 228, 230
Lei de Responsabilidade Fiscal, 231
leis trabalhistas, 13-4, 75, 120, 132, 136-9, 160
livre concorrência, 24, 102
Locke, John, 179
Lollapalooza, festival, 101
lucro, 14, 21-5, 99, 101-3, 111, 124, 142, 165,178, 209, 231

Lula da Silva, Luiz Inácio, 30, 35, 39, 78, 83, 87, 89, 98, 178, 190-4, 215, 227, 232-4, 236
Luttmer, Erzo, 58

## M

M. Officer, 129
Machado, Gilmar, 85
Machado, Luiz, 118
Maciel Filho, José Soares, 76-7
*Mad Men* (série de TV), 67
Maloney, William, 137
*Manhattan Connection* (programa de TV), 193
Mankiw, Gregory, 100, 141
Mannrich, Nelson, 120
Mantega, Guido, 198, 228, 237
Marx, Karl, 88
Masp, 181
Medeiros, Marcelo, 66
Médici, Emilio Garrastazu, 232-4
medicina, 166
Meirelles, Henrique, 234
Mendes, Gilmar, 125-6
Mercadante, Aloizio, 189-90
mercado de trabalho, 44, 115, 130, 136-8, 143, 147, 165
  mulheres e, 42, 167, 170
mercado negro, 103-5, 107, 136, 139-40
México, 42-3, 47, 215
Michigan State University, 88
milagre econômico, 233
Ministério da Cultura, 180
Ministério do Trabalho, 115-7, 120, 122, 140, 162
Ministério Público do Trabalho, 117, 130-1
Moçambique, 78
Monteiro Lobato, 182-3
Moro, Cassio, 126
Morumbi, São Paulo, 56
Motorola, 21
movimentos sociais, 153-4

Muniz, Jerônimo, 61-2
Muro de Berlim, 89, 91
Murray, Bill, 227, 238
Musacchio, Aldo, 233
Museu da Língua Portuguesa (SP), 181
Museu de Ciência e Tecnologia (BA), 181
Museu do Futebol (SP), 181
Museu do Ipiranga (SP), 180-1
Museu Nacional (RJ), 11, 181

## N

National Bureau of Economic Research, 141
Nehru, Jawaharlal, 205
Neuwirth, Robert, 104, 107
*New Left Review*, 91
*New York Times, The*, 71, 127
Nova Zelândia, 160
Nozick, Robert, 51

## O

*Observador Econômico e Financeiro*, (jornal), 222
Odebrecht, empreiteira, 65
Odebrecht, Marcelo, 78
Ofek, Haim, 207
OGX, petroleira, 196-8
Oliveira Viana, Francisco, 143
ONU Mulheres, 165
Operação Lava Jato, 65, 161
Organização Internacional do Trabalho (OIT), 115, 118-19
Ostrom, Elinor, 177, 178
OSX, construção naval, 198

## P

Paes de Barros, Ricardo, 39, 89, 150
Palocci, Antônio, 89, 234
Paraguai, 104, 136, 191
Paraíba, 105
Paraisópolis, São Paulo, 56-7

Patu, Gustavo, 237
Paulo Renato, 84
PDG, construtora, 196
PDT, partido político, 84-5
*Pedra sobre pedra* (telenovela), 19
Pena, Afonso, 237-8
Pessoa, Ricardo, 161
Petrobras, 30, 33-5, 65, 73, 175, 182, 196, 215
petróleo, 18, 77, 119, 182-3, 196-8, 237
Pew Research Center, 32
Piauí, 142
PIB, 151, 217, 219, 233
Piepmeyer & Co., 183
Piketty, Thomas, 65
Pinheiro, Walter, 85
planetário do Ibirapuera (SP), 181
Plano Collor, 95
Plano Cruzado, 189-90
Plano Real, 39, 190-1
pobreza, 39, 41, 57, 59-60, 62-3, 67, 71, 79, 87-9, 91, 150, 203-4
Polícia Federal, 95, 117-8, 122, 135
política econômica, 194, 234, 236, 258
politicamente correto, 13
políticos, 13, 25, 29, 33-4, 40, 62-3, 95, 98, 115, 131, 149, 189, 210-1, 219
Porta dos Fundos, 50
Porter, Eduardo, 151
Portugal, 52, 54, 138, 209, 222
Powell, Benjamin, 128-9
*preço da desigualdade, O* (Stiglitz), 64
Prefeitura de São Paulo, 162
preservação de espécies, 178
*Princípio da diferença* (Rawls), 63
Princípio da Vantagem Comparativa, 208, 210
privatização, 11, 31, 34-5, 91, 175, 177-9, 181, 184, 186
privilégios a grandes empresários, 79
produtividade, 23, 60, 116, 128, 137, 146, 148, 150-3, 165, 169-70, 204, 221

**ÍNDICE** 267

Programa de Aceleração do Crescimento, 236
Programa Nacional de Desenvolvimento, 236
programas de transferência de renda, 83-4, 87, 89-91
ProUni, 185
PSDB, partido político, 30, 86, 190-2
PT, partido político, 11, 42, 83-7, 150, 184, 190-2

## Q

Quênia, 52, 55, 178

## R

Rawls, John, 63
Rede Globo, 44, 190
regime militar, 236-7
Rego Monteiro, Thais, 122, 239
*Renda de cidadania* (Suplicy), 88
*rent-seeking*, 64, 103
Revolução Industrial, 206
Ribeiro, João, 125
Ricardo, David, 208
Ridley, Matt, 207
Rio de Janeiro, 19, 30, 57, 105, 117, 149, 161, 231, 233
Rio Grande do Sul, 30, 53, 170
*riqueza das nações, A* (Smith), 21
Rodrigues Alves, Francisco de Paula, 227, 232-3, 237
Rognlie, Matthew, 65
Roma Antiga, 189, 206
Rondônia, 179
Roriz Coelho, José Ricardo, 64
Rothschild, família, 230
Rousseff, Dilma, 11, 39, 44, 64, 78, 165, 194, 197, 203-4, 215-6, 220, 227, 236-8

## S

Sakamoto, Leonardo, 118
salário-mínimo, 14, 23-4, 39, 62, 88, 138-9, 141-9, 169
Saramago, José, 52, 58
Sarney, José, 189-90
saúde, 42, 71, 96, 115, 120, 124, 129, 160, 184, 186

Schwartsman, Alexandre, 220
Senai, Sesc e Sesi, 135
Serra, José, 86-7, 89
serviços domésticos, 170
Sindicato dos Empregados no Comércio (RJ), 161
sindicatos, 143, 154, 159-62
Singapura, 137-8
Siqueira dos Santos, Fernando, 44
Smith, Adam, 21-2, 24, 103
Souza, Pedro, 66
Standard Oil, 182
*Stealth of Nations* (Neuwirth), 104
Stiglitz, Joseph, 64
Subsidio Único Familiar (Chile), 91
Suécia, 162, 186
sumérios, 206
superávit primário, 234
Suplicy, Eduardo, 88
Suplicy, Marta, 84
Székely, Miguel, 59-60

## T

Taleb, Nassim Nicholas, 131
Tavares, Maria da Conceição, 89, 190
taxa de juros, 78, 98, 109, 111, 194
taxa de natalidade, 41-2
Telebras, 175
telefone celular, 20-1, 33-4, 43, 116, 201
televisão, 25, 42, 106
Temer, Michel, 159
trabalho escravo, 115-31
tragédia dos comuns, 176-7
transporte urbano, 105
Tudor, Frederic, 19

## U

UFMG, 61
UFRJ, 181

Unicamp, 49
Universidade de Brasília, 219
Universidade de Glasgow, 21
Universidade de São Paulo, 120, 181
Universidade George Mason, 209
Universidade Harvard, 57, 167, 233
Universidade Stanford, 186
UTC, empreiteira, 161

## V

Vale, mineradora, 123, 175, 195-6
Vargas, Getúlio, 76, 159, 182, 222, 228
Vásquez, Luis, 118, 129
*Veja SP*, 44

Venezuela, 55, 78, 137-8
Vicente do Salvador, frei, 17, 19, 25

## W

Washington, George, 18-9
Whirlpool, 170
Williams, Walter, 140, 143

## Y

Yousseff, Alberto, 65

## Z

Zara, 129
Zimbábue, 178

Este livro foi composto nas fontes Fairfield, Akzidenz Grotesk
e Cervo e impresso em papel pólen soft na Geográfica.
São Paulo, agosto de 2019.